A RETIRADA
Iraque, Líbia, Afeganistão e a fragilidade do poder estadunidense

A RETIRADA
Iraque, Líbia, Afeganistão e a
fragilidade do poder estadunidense

NOAM CHOMSKY E VIJAY PRASHAD

A RETIRADA

Iraque, Líbia, Afeganistão e a fragilidade do poder estadunidense

Tradução de Leandro Moura

1ª edição
Expressão Popular
São Paulo – 2023

Copyright © 2023, by Editora Expressão Popular Ltda.

Traduzido de: CHOMSKY, Noam and PRASHAD, Vijay. *The withdrawal*. Iraq, Libya, Afghanistan, and the fragility of U.S. Power. The New Press, New York, 2022

Tradução: Leandro Moura
Produção editorial: Miguel Yoshida
Revisão de tradução: Aline Piva
Revisão: Lia Urbini e Letícia Bergamini Souto
Projeto gráfico e diagramação:Zap design
Capa: Rhuan Oliveira

Dados Internacionais de Catalogação-na-Publicação (CIP)

C548r   Chomsky, Noam
A retirada: Iraque, Líbia, Afeganistão e a fragilidade
do poder estadunidense / Noam Chomsky e Vijay
Prashad ; Tradução de Leandro Moura. -- 1.ed. -- São
Paulo : Expressão Popular, 2023.
147 p.

Tradução De: The withdrawal Iraq, Lybia,
Afghanistan, and the fragility of U.S. power
ISBN 978-65-5891-099-2

1. Política. 2. Relações intenacionais 3. Iraque.
4. Líbia. 5. Afeganistão. 6. EUA. I. Prashad, Vijav.
II. Moura, Leandro. III. Título.

CDU 32
CDD 320

Elaborada pela bibliotecária: Eliane M. S. Jovanovich - CRB 9/1250

1ª edição: junho de 2023

EDITORA EXPRESSÃO POPULAR LTDA
Alameda Nothmann, 806
Salas 06 e 08, térreo, complemento 816
01216-001 – Campos Elíseos – SP
livraria@expressaopopular.com.br
www.expressaopopular.com.br
🅵 ed.expressaopopular
🅾 editoraexpressaopopular

Sumário

Nota editorial 7

Prefácio 9
Angela Davis

Introdução: O legado das guerras repulsivas 13
    O Poderoso Chefão 16
    Escaladas perigosas 20
    Nosso livro 23

Vietnã e Laos 25

11 de Setembro e Afeganistão 39

Iraque 77

Líbia 111

Fragilidades do poder estadunidense 127

Posfácio: Trinta anos de escritos e conversas com Noam Chomsky 139
Vijay Prashad

Referências completas dos livros e artigos
citados de Noam Chomsky 147

Sobre os autores 149

Nota editorial

As crises econômicas fazem parte do funcionamento do modo de produção capitalista; não são acidentes de percurso ou mal funcionamento de algum mecanismo, dizia Marx em meados do século XIX. Apesar das muitas transformações pelas quais a dinâmica econômica passou daquela época até hoje, essa dinâmica apenas se aprofundou, com crises cada vez mais agudas cujas consequências são um aumento da concentração de riqueza nas mãos de poucos e uma desigualdade social cada vez maior. Em termos de classe, segundo a Oxfam (2023), "desde 2020, o 1% mais rico amealhou quase dois terços de toda a nova riqueza – seis vezes mais do que os 7 bilhões de pessoas que compõem os 90% mais pobres da humanidade". Mas também entre nações, a ofensiva imperialista estadunidense contra países de capitalismo dependente só cresce na tentativa desse país manter sua dominação mundial.

Outra formulação de Marx que nos interessa ainda hoje é a de compreender a sociedade como algo em movimento a partir da inter-relação entre a economia, os aspectos sociais, culturais, ideológicos, políticos etc. Neste longo diálogo entre Vijay Prashad e Noam Chomsky, podemos encontrar o fio da meada para compreender a crise – econômica, moral, política e ambiental – vivenciada pela maior potência mundial, que apesar de todo seu poderio demonstra estar em uma lenta decadência. Contudo, este império não cairá por si só; ao contrário, realizará todos os esforços para continuar se apropriando das riquezas de outros países, sem titubear em destruí-los – e inclusive ameaçar a existência de toda a humanidade – se for preciso. É essa prática onipontente, desesperada e assassina que conhecemos em *A retirada*.

8 NOTA EDITORIAL

Este livro está estruturado como um longo diálogo entre Vijay e Chomsky, resultado de uma interlocução de anos entre eles, tanto em conversas quanto em leituras mútuas. Nesse sentido, em alguns trechos deste volume Vijay complementa as conversas com citações de Chomsky. O intuito principal é transitar pelos mais relevantes materiais produzidos pelo intelectual estadunidense acerca dos temas dos capítulos e editar o conteúdo em forma de diálogo, de modo que a conexão com o leitor se aprofunde.

Para a edição do presente livro, de modo a preservar a fluidez da leitura, optamos por preservar o modo de referência original, em vez do sistema de referências mais comum adotado nas publicações acadêmicas brasileiras, o ABNT. Durante a leitura, é possível perceber que as obras de Noam Chomsky são referenciadas a partir do ano da primeira publicação em inglês e as informações do título e as demais obras recebem notas de rodapé com os dados completos. Ao final do livro, há uma lista com todas as obras citadas de Chomsky seguidas da referência em português, entre colchetes, quando existem.

Os editores

Prefácio

Angela Davis

Desde quando me dou por gente, Noam Chomsky serve como a consciência de um país cujo governo se relaciona persistentemente com as partes do mundo fora de sua esfera de influência por meio do uso ou da ameaça de violência. Mesmo quando nós, nos Estados Unidos, enfrentamos profundas crises internas, Chomsky sempre insistiu que também voltássemos nossa atenção para fora, evitando assim que capitulássemos à suposição de que o Estado nacional, dentro de cujas fronteiras por acaso vivemos, é a presença política mais importante de nossas vidas. Ele sempre nos aconselhou a rejeitar o excepcionalismo estadunidense. Seu ensaio germinal, "A responsabilidade dos intelectuais", ressoa hoje mais do que nunca, especialmente quando nós, coletivamente, fazemos grandes esforços para enfrentar uma série de questões relativas às maneiras como o racismo – e, de fato, o capitalismo racial – tem estruturado as instituições sociais, políticas e culturais que definem nossas vidas coletivas nos Estados Unidos. Ele nos lembra que este trabalho tem um contexto geopolítico e histórico. Como o seu colaborador Vijay Prashad também insiste, o impacto do colonialismo e o papel do tráfico de escravizados e da escravidão no desenvolvimento do capitalismo tem efeitos duradouros não somente nos Estados Unidos, mas, de fato, pelo mundo afora.

Embora eu leia Noam Chomsky há décadas e tenha comparecido a suas palestras em incontáveis ocasiões, minha primeira oportunidade de conhecê-lo pessoalmente foi em dezembro de 2012, quando ele, Vijay e eu participamos de um programa no

Berklee College of Music organizado por Rachel Herzing e Isaac Ontiveros, representando a [organização] Critical Resistance (CR). O evento visava angariar fundos para a CR, para a organização abolicionista prisional LGBTQI Black and Pink e para a City School de Boston, que forma jovens lideranças que lutam por justiça social. Eu tenho uma lembrança particularmente vívida deste evento porque, apenas dois dias antes, uma gripe severa me acometera, e eu me questionei seriamente sobre ir a Boston. (Dada a nossa experiência com a pandemia de covid-19 nos dois últimos anos, eu agora percebo que provavelmente deveria ter ficado em casa.) Mas na ocasião a minha sensação era de que não podia perder a oportunidade de conhecer essa figura histórica, que tanto ensinara a mim e ao mundo sobre a "responsabilidade dos intelectuais". Foi um evento fenomenal, e embora eu tenha pouca lembrança das minhas contribuições, lembro-me de ter ficado absolutamente cativada pelas conversas daquela noite, que versaram sobre o tema "Futuros radicais e perspectivas para a liberdade". A nossa discussão evocou o complexo prisional industrial como produto discernível da história dos Estados Unidos pós-escravidão e do capitalismo global em seu desenvolvimento desde a década de 1980. E nós três falamos sobre as lições para a resistência abolicionista derivadas das lutas anti-imperialistas e sobre as perspectivas para o futuro do internacionalismo.

Fiquei impressionada, como sempre, não apenas pelo grandioso domínio que Chomsky tem da história e da análise, especialmente com relação aos incalculáveis estragos causados pelas Forças Armadas dos Estados Unidos, mas também por sua presença despretensiosa. Naquela noite fria de Boston, após a conclusão do evento e da recepção – acho que já eram quase 11 da noite – ele se preparava para ir embora. Alguém perguntou sobre o seu carro e ele respondeu que, como sempre, iria para casa de ônibus. É claro que metade dos presentes então se ofereceu para lhe dar uma carona. Mas em nenhum momento ele se achou especial a ponto de merecer esse tratamento.

Ao longo das décadas em que gerações de estudiosos e militantes foram influenciados pelos livros, entrevistas e palestras de Chomsky – de fato, ele é o intelectual público mais proeminente do nosso país –, ele sempre tentou revelar as violências ocultas, aquelas que tão frequentemente presume-se que sejam simples consequências colaterais que sequer merecem reconhecimento. Por exemplo, ele costuma enfatizar a vasta discrepância entre os números de vietnamitas de fato mortos durante a Guerra (2 milhões de mortes são oficialmente aceitas, mas na realidade 4 milhões é um número mais provável) e os números reduzidos inscritos em nossa memória histórica (em pesquisas e estudos, tipicamente as pessoas imaginam apenas 100 mil mortos em média). Essa diferença perturbadora entre fato e percepção serve como exemplo das maneiras pelas quais o massacre desavergonhado da vida humana ordenado pelo Estado pode ser minimizado com indiferença sob o impacto da ideologia estadunidense.

Esta colaboração mais recente com Vijay Prashad continua explorando o tema das guerras repulsivas conduzidas pelos Estados Unidos. Há tempos aprecio a insistência de Vijay na necessidade de geração, por parte das pessoas que compõem círculos progressistas, de uma noção mais nítida de como nos situamos no contexto das lutas globais. Estruturada como uma conversa profundamente envolvente entre dois dos mais importantes intelectuais públicos contemporâneos, somos instados a contrariar a desatenção dos meios de comunicação face aos danos desastrosos infligidos à vida, à terra e aos recursos no Afeganistão no rastro da retirada estadunidense e as conexões com as guerras igualmente evitáveis e desnecessárias contra o Iraque e a Líbia. Obrigada, Noam e Vijay, por este livro tão perspicaz que enfatiza as continuidades, temporais e partidárias, das políticas e práticas oficiais que produzem e reproduzem essas incursões militaristas, e nos oferece o tipo de perspectiva internacionalista que constitui nossa melhor chance de termos o futuro de que o mundo precisa.

Introdução:
O legado das guerras repulsivas

Em 15 de agosto de 2021, as Forças Armadas dos Estados Unidos tiveram que se retirar do Afeganistão após uma ocupação que durou 20 anos. Pouca coisa boa restava quando o Talibã entrou em Cabul e tomou o controle do que sobrava do Estado afegão. Há controvérsias sobre o número de mortos desta guerra, mas poucos discordam de que algumas centenas de milhares de pessoas perderam suas vidas nos ataques. (Um estudo das Nações Unidas apurou que ao menos 40% dos civis mortos por bombardeios aéreos eram crianças.) O Ministério de Saúde Pública afegão estima que dois terços dos afegãos sofrem de problemas de saúde mental induzidos pela guerra. Metade da população vive abaixo da linha da pobreza, e cerca de 60% da população permanece analfabeta. Houve poucos avanços nessas frentes.

Enquanto isso, o Talibã descobriu que os cofres dos escritórios do Banco Central em Cabul estavam vazios; as reservas – US$9,5 bilhões – estavam em bancos estadunidenses, de onde foram confiscadas pelos Estados Unidos para pagar as famílias das vítimas do ataque de 11 de Setembro. Durante a ocupação estadunidense, o Afeganistão contava com assistência externa. Essa fonte de receitas perfazia 43% do PIB afegão em 2020; com a retirada estadunidense, ela entrou em colapso. O Programa das Nações Unidas para o Desenvolvimento calcula que a queda no PIB devido à perda da assistência externa foi de 20% em 2021 e de 30% nos anos seguintes. Enquanto isso, a ONU estima que, ao final de 2022, a renda *per capita* do país possa declinar a quase a metade dos níveis de 2012. Estima-se que 97% do povo

14 A RETIRADA

afegão cairá abaixo da linha da pobreza, sendo a fome massiva uma possibilidade real. Foi revelador o fato de que o último ataque com drone feito pelas Forças Armadas estadunidenses em solo afegão atingiu um carro que levava 10 pessoas, incluindo sete crianças e Zemari Ahmadi, motorista da organização de assistência social Nutrition & Education International, sediada em Pasadena, Califórnia. As Forças Armadas estadunidenses inicialmente sugeriram que Ahmadi era integrante do Estado Islâmico do Iraque e da Síria (Isis) e levaram duas semanas para admitir que o drone Reaper matara civis. Nenhum militar foi punido por este crime.

Esta é a natureza das guerras repulsivas dos Estados Unidos.

Nos últimos anos, eles não têm conseguido atingir quaisquer dos objetivos de suas guerras. Em outubro de 2001, entraram no Afeganistão com bombardeios horrendos e uma campanha de "extradições extraordinárias", ao arrepio da lei, com o objetivo de expulsar o Talibã do país. Agora, 20 anos depois, o Talibã está de volta. Em 2003, dois anos após os Estados Unidos terem desencadeado a guerra no Afeganistão, o país iniciou uma guerra ilegal contra o Iraque. Esta resultou, em última instância, no começo de uma retirada incondicional pelos Estados Unidos em 2011, após o Parlamento iraquiano recusar proteções extralegais às tropas estadunidenses. Ao mesmo tempo que se retiravam do Iraque, os Estados Unidos iniciaram uma guerra terrível contra a Líbia em 2011, na qual – como discutido adiante – a França começou liderando, seguida pela Grã-Bretanha e, posteriormente, assumida pelos Estados Unidos. Esta guerra gerou caos na região.

Nem uma dessas guerras – Afeganistão, Iraque, Líbia – resultou na criação de um governo pró-EUA. Cada uma delas criou sofrimento desnecessário para populações civis. Milhões de pessoas tiveram suas vidas abaladas, e centenas de milhares perderam suas vidas. Quanta fé na humanidade pode-se agora esperar de pessoas jovens em Jalalabad ou Sirte? Elas vão se voltar para dentro, temendo que qualquer possibilidade de mudança lhes tenha sido roubada pelo barbarismo das guerras infligidas a elas e a outros habitantes de seus países?

Não há dúvida que os Estados Unidos continuam tendo as maiores Forças Armadas do mundo, e que, utilizando sua estrutura de bases e seu poder aéreo e naval, são capazes de atacar qualquer país a qualquer hora. Mas qual é o sentido de bombardear um país se tal violência não atinge quaisquer objetivos políticos? Os Estados Unidos usaram seus drones avançados para assassinar líderes do Talibã, mas para cada líder assassinado, surgiu mais meia dúzia. Ademais, os homens que lideram o Talibã atualmente – incluindo seu cofundador, Mulá Abdul Ghani Baradar, que chefia sua comissão política – estão lá desde o começo. Seria impossível decapitar toda a liderança do Talibã. Mais de US$2 trilhões foram gastos pelos Estados Unidos nesta guerra em que o seu triunfalismo reinou desde o começo.

Em suas primeiras declarações após a retirada estadunidense de seu país, o Mulá Baradar disse que seu governo se concentraria na corrupção endêmica do Afeganistão. Enquanto isso, histórias se espalhavam por Cabul sobre ministros do último governo afegão, amigo dos Estados Unidos, liderado pelo ex-funcionário do Banco Mundial Ashraf Ghani, que tentaram deixar o país em carros cheios de notas de dólares. Tratava-se de dinheiro fornecido pelos Estados Unidos ao Afeganistão supostamente para assistência e infraestrutura. Houve um desvio significativo dos fundos de assistência dados ao país. Num relatório do governo estadunidense de 2016, do Inspetor Geral Especial para a Reconstrução do Afeganistão (Sigar, na sigla em inglês), relativo às "Lições aprendidas com a experiência dos Estados Unidos com corrupção no Afeganistão", lê-se: "A corrupção solapou significativamente a missão estadunidense no Afeganistão ao danificar a legitimidade do governo afegão, fortalecendo o apoio popular à insurgência e direcionando recursos materiais para grupos insurgentes". O Sigar criou uma "galeria da ganância" que listava empresas estadunidenses que haviam desviado e embolsado dinheiro da assistência

16   A RETIRADA

econômica por meio de fraudes. Mais de US$2 trilhões foram gastos na ocupação estadunidense do Afeganistão, mas essa quantia nem trouxe alívio nem serviu para reconstruir a infraestrutura do país. O dinheiro engordou os bolsos dos ricos nos Estados Unidos, Paquistão e Afeganistão.

A corrupção na cúpula do governo exauriu o moral no andar de baixo. Os Estados Unidos apostaram no treinamento de 300 mil soldados do Exército Nacional Afegão (ENA), gastando US$88 bilhões na empreitada. Em 2019, um expurgo de "soldados fantasmas" – soldados que não existiam – levou a uma queda de 42 mil no total da tropa. É provável que o número real fosse mais alto. O moral no ENA despencou nos últimos anos, com o aumento nas deserções do Exército para outras forças. A defesa das capitais provinciais também era fraca, e Cabul caiu para o Talibã quase sem luta. Nesse contexto, o último ministro da Defesa do governo Ghani, general Bismillah Mohammadi, comentou no Twitter sobre os governos que estiveram no poder no Afeganistão desde o final de 2001: "Eles ataram nossas mãos nas nossas costas e venderam a pátria. Maldito seja o homem rico [Ghani] e o seu pessoal." Isto capta bem o humor da população do Afeganistão no momento da partida dos Estados Unidos.

O Poderoso Chefão

Em cada uma dessas guerras – Afeganistão, Iraque, Líbia –, a possibilidade de um acordo negociado permaneceu às margens do conflito. No Afeganistão, o Talibã entendeu a gravidade do ataque estadunidense depois do 11 de Setembro e deixou claro em diversas ocasiões que estava disposto a entregar Osama Bin Laden e a rede Al-Qaeda a um terceiro país. O Talibã tivera a experiência de um pequeno ataque estadunidense em 1998 contra alvos em Khost, de maneira que já tinha familiaridade com o poder avassalador das Forças Armadas dos Estados Unidos. Seu apelo por um acordo foi rejeitado. Em 1990, o governo de Saddam Hussein entendeu que cometera um erro ao invadir o Kuwait, e queria fazer um acordo com os Estados Unidos para sair do país vizinho sem sofrer uma humilhação total. Todas as tentativas dos iraquianos de negociar sua saída foram desdenhadas pelos Estados Unidos, que bombardearam o Iraque pesadamente em 1991.

Foi por isso que Saddam Hussein ansiava por fazer toda e qualquer concessão aos Estados Unidos no pós-11 de Setembro, permitindo cada vez mais inspeções da ONU – cujos inspetores não encontraram armas de destruição em massa – e oferecendo todos os meios para os Estados Unidos confirmarem que o Iraque não tinha más intenções com relação ao país. Uma vez mais, Washington deixou de lado os apelos de Bagdá e avançou com sua campanha militar, chamada *Shock and Awe* [Choque e Pavor]. Na Líbia, o governo estava ávido para aceitar um plano de paz proposto pela União Africana, cuja missão foi impedida de ir a Trípoli pelos bombardeios da Otan. Mais tarde, quando a missão foi ao país mesmo com os bombardeios e Muammar Gaddafi aceitou suas condições, os rebeldes se recusaram a aceitar o acordo de paz, valendo-se da vantagem de serem aliados da Otan. Era evidente que os Estados Unidos simplesmente não queriam qualquer acordo de paz ou mesmo uma rendição antecipada. Quando os Estados Unidos querem uma guerra, eles têm a sua guerra.

Há um certo quê de máfia na forma com que os Estados Unidos têm exercido seu poder, algo que data da época do genocídio contra os povos indígenas da América do Norte, que tentaram negociar com os colonos, mas acabaram enfrentando os canhões Hotchkiss. Quando o chefe Tecumseh do povo Shawnee tentou negociar com o governador de Indiana William Henry Harrison em 1811, o governo estadunidense usou sua força militar para perseguir Tecumseh até o Canadá. Harrison se tornou presidente dos Estados Unidos, chegando a ganhar um prêmio por ter tomado aquela terra. Essa atitude tem suas raízes em uma cultura de assentamento colonial que expandiu os Estados Unidos, inicialmente baseados no litoral do Atlântico, rumo ao território das sociedades nativas americanas, tomando um terço do México, e

18 A RETIRADA

depois territórios franceses e russos na costa do Golfo do México e Alasca. Uma vez estabelecidos os Estados Unidos continentais, todos pela força das armas, os exércitos se concentraram para tomar arquipélagos e ilhas distantes (Havaí, Guam, Porto Rico, Filipinas), bem como para estabelecer domínios por meio da Doutrina Monroe (1823) no hemisfério americano. Durante a guerra estadunidense nas Filipinas em 1898, o general Jacob Smith ordenou aos seus soldados: "Matem todos com mais de dez anos" e criem um "ermo extremo". Meio século mais tarde, no Vietnã, os tripulantes de um helicóptero estadunidense pintaram o *slogan* "A morte é o nosso negócio, e o negócio vai bem" na lateral de seu alojamento. O terreno tinha que ser pacificado, ou então destruído. O *ethos* aqui foi definido por Lyndon B. Johnson, o presidente estadunidense, que disse: "É bobeira falar sobre quantos anos passaremos nas selvas do Vietnã, quando poderíamos pavimentar o país inteiro, pintar umas vagas de estacionamento nele e ainda assim estar de volta em casa a tempo do Natal". A ideia de que os Estados Unidos – uma cidade na colina (uma frase da Bíblia usada por John Winthrop em 1630 para descrever seu novo país como um "farol de esperança" para o mundo) – tinham o direito de definir o destino das Américas e exportar essa atitude para outras terras, especialmente em partes da África e da Ásia, deriva dessa história de assentamento colonial. A Segunda Guerra Mundial devastou a maior parte dos países industriais avançados – certamente a Europa, o Japão e a URSS. Por sua vez, os Estados Unidos, em contraste, não sofreram qualquer impacto à sua base industrial. Na realidade, a produção de guerra fortaleceu a indústria estadunidense, e o superavit financeiro do país deu ao dólar um caráter divino não disponível para qualquer outra moeda, nem mesmo para a libra esterlina. Foi nesse contexto que os Estados Unidos começaram a definir agressivamente o caminho para seus aliados na Europa e no Japão, bem como a usar de todos os meios necessários para subordinar o movimento pela descolonização e demonizar a URSS por meio do sistema da Guerra

Fria, que em grande medida foi imposto pelos Estados Unidos. Golpes e intervenções militares definem a era da Guerra Fria, do golpe liderado pelos Estados Unidos no Irã (1953) à intervenção militar estadunidense no Iraque (1991). Nesses 40 anos, a força estadunidense foi até certo ponto limitada pela presença da União Soviética e seus aliados, assim como pelo surgimento do Terceiro Mundo como uma força política. Não obstante, os Estados Unidos operavam desrespeitando completamente o Direito Internacional. Era impossível conter o poder militar e diplomático estadunidense, ou a operação de corporações multinacionais sediadas na Europa, Japão e Estados Unidos.

A atitude *à la* Poderoso Chefão se expandiu exponencialmente depois do colapso da URSS, quando a elite dominante dos Estados Unidos compreendeu que seu país era a única superpotência. Os marcos dessa nova era foram a guerra estadunidense no Iraque (1991) e a criação da Organização Mundial do Comércio (1994), a primeira sendo um exercício puro e simples do poder militar estadunidense, e a segunda, uma instituição projetada para captar países para uma estrutura comercial que os Estados Unidos esperavam dominar. As guerras estadunidenses contra o Afeganistão (2001) e o Iraque (2003) pouco consideraram a opinião mundial, e menos ainda a possibilidade de se evitar a guerra por meio da negociação. Os Estados Unidos, como o primeiro entre os desiguais, achavam que não precisavam prestar contas a ninguém. Essa é a atitude Poderoso Chefão. É assim que enxergamos os Estados Unidos neste livro.

A atitude de Poderoso Chefão não é irracional. Ela se desenvolve para proteger a propriedade, os privilégios e o poder das elites dominantes dos Estados Unidos e seus aliados mais próximos na Europa, Japão e alguns outros países. Elas reconhecem que suas vantagens não podem ser permanentemente asseguradas pela livre concorrência, que é a ideologia abrangente de sua sociedade "de livre mercado". Dois tipos de ameaça econômica aparecem ocasionalmente. O primeiro é o movimento de trabalhadores e camponeses em países que produzem matérias-primas e que se recusam a aceitar salários sub-humanos e cada vez menores que permitem que a cadeia de produção daquela *commodity* mantenha os custos baixos e os lucros altos. O segundo é quando países onde avanços tecnológicos têm lugar ameaçam o poder monopolista de multinacionais europeias, japonesas e estadunidenses. Os Estados Unidos ou usam violência ou dão sua anuência a ela por meio de seus agentes autorizados (ditadores e chefes de polícia) contra os trabalhadores e camponeses que se revoltam e contra os governos que eles venham a criar para traçar um caminho adiante diferente. Os Estados Unidos advogam políticas comerciais – particularmente leis de propriedade intelectual – que impedem que países desenvolvam sua capacidade científica e tecnológica. Se há um movimento contra os interesses dos Estados Unidos, eles usam seu controle das instituições internacionais para impor sanções aos países em questão ou usam de violência para discipliná-los. Essa violência e essas leis têm suas raízes na atitude de Poderoso Chefão, que é uma outra maneira de falar sobre o imperialismo.

Escaladas perigosas

O fato de que os Estados Unidos tiveram de se retirar do Afeganistão e praticamente se retirar do Iraque – além de serem incapazes de controlar a dinâmica na Líbia – vem de mãos dadas com reveses nos golpes liderados por eles no Chile, em Honduras e na Bolívia. O regime do golpe de 1973 no Chile está sendo desfeito pela redação de uma nova Constituição e pela eleição em 2021 de uma coalizão política pós-golpe. O golpe de 2009 em Honduras foi revertido pela eleição, em 2021, das forças políticas que haviam sido depostas pelo golpe. A eleição na Bolívia, em 2021, das forças de esquerda é uma reversão do golpe de 2019 contra o governo de Evo Morales. É importante que se documente esses reveses – e há muitos outros –, ainda que não sejam discutidos a fundo neste livro.

A escalada mais perigosa do nosso tempo não fica nem na América Latina, nem no cinturão que se estende do Afeganistão à Líbia. A situação mais perigosa é a campanha de pressão que os Estados Unidos estão liderando contra a China e a Rússia. A guerra estadunidense contra o Iraque (2003) e a crise do crédito (2007-2008), bem como a crescente polarização da sociedade nos Estados Unidos, têm enfraquecido a capacidade de agir do país desde 1991. Essa fraqueza é ilustrada pelas retiradas e as reversões de golpes mencionadas acima. Mas essa fraqueza não deve ser interpretada como o fim do poder estadunidense ou do "Século Americano". Os Estados Unidos têm grandes reservas de poder – financeiro, militar, diplomático, cultural – que seguirão à sua disposição por muito tempo ainda. Mas sua fraqueza relativa criou espaço para o surgimento da China como importante potência mundial.

De uma perspectiva mais ampla, a China não teria "ascendido" como potência mundial, mas meramente retornado à situação prevalente há 200 anos. Naquela época, em 1820, a economia chinesa era seis vezes maior que a da Grã-Bretanha – então a maior economia da Europa e uma potência marítima e imperial dominante – e 20 vezes maior que a economia dos Estados Unidos. A inclemência do imperialismo europeu, particularmente a agressão militar britânica, destruiu a força econômica da China e exauriu seu poder em uma geração. O país se debateu em conflitos armados da primeira Guerra do Ópio, em 1839, até o fim de sua guerra civil, em 1949; mais de 100 anos de violência e desespero. A Revolução Chinesa veio no final desse ciclo de violência. Em 1949, Mao Zedong disse: "O povo chinês se levantou". Esta foi uma afirmação contra aquilo que os historiadores chineses chamam de "o século da humilhação". Em 1978, o governo chinês abriu a economia, mas tomou medidas para importar ciência e tecnologia de ponta. Algumas décadas depois, as melhorias à vida humana na China, a adaptação e expansão do conhecimento científico e os avanços tecnológicos ajudaram a melhorar as condições sociais do povo chinês. É claro que problemas persistem na China, incluindo a corrupção e a desigualdade, e estes requerem atenção. É essa China, com avanços tecnológicos bem à frente das empresas ocidentais, que representa uma ameaça não militar ou de segurança para o Ocidente, mas sim uma ameaça à ideia de que somente o Ocidente pode liderar em certos setores (telecomunicações, robótica, ferrovias de alta velocidade, energia não baseada em carbono etc.). Enquanto isso, a China exporta seu desenvolvimento por meio da Iniciativa Cinturão e Rota, que é um desafio frontal ao Fundo Monetário Internacional e suas formas de envolvimento com o Sul Global, impulsionadas pelo endividamento por meio do Clube de Paris e do Clube de Londres. (Ambos agora admitem que os países mais pobres preferem empréstimos de bancos chineses aos deles.)

O pior caso do comportamento de Poderoso Chefão são as ações crescentemente provocativas em relação à China. Isso é muito perigoso. Atualmente, há um discurso constante sobre o que é chamado de "a ameaça da China". Lê-se sobre a terrível "ameaça da China" até em periódicos geralmente sóbrios e razoáveis. Ouvimos que os Estados Unidos devem agir rapidamente para conter e limitar a ameaça da China. Mas o que exatamente é a ameaça da China? Essa questão raramente é colocada nos Estados Unidos. Ela é discutida na Austrália, cujo principal parceiro comercial é a China. A liderança australiana de direita – não precisando de pressão de Washington – tem provocado a China por conta própria. Ela é aliada próxima do ex-primeiro-ministro australiano Paul Keating, que ao abordar a "ameaça da China" concluiu, de modo realista, que a ameaça da China é a existência da China. Os Estados Unidos não tolerarão a existência de um Estado que não pode ser intimidado como a Europa, portanto, um Estado que não segue as ordens estadunidenses da maneira como a Europa segue. A China, que desenvolveu sua própria e poderosa economia, segue seu próprio curso. Essa é a "ameaça da China".

O que torna o poder dos Estados Unidos tão frágil agora não é meramente sua própria fraqueza, mas o fato de estar enfraquecido no contexto da ascensão da China e da aliança da China com a Rússia. Uma nova e perigosa escalada está ocorrendo na Eurásia para evitar que a influência da China se espalhe para além de suas fronteiras e para ameaçar a Rússia se ela insistir em operar em conjunto com a China como um polo separado nos assuntos internacionais. A guerra da Rússia na Ucrânia é uma consequência – parcial – dessa campanha de pressão. É nesse contexto que falamos neste livro sobre duas formas de relações internacionais: a forma estadunidense de uma "ordem baseada em regras", que quer dizer que o mundo deve seguir regras impostas pelos Estados Unidos, ou a forma da ONU, uma ordem internacional baseada na Carta das Nações Unidas (1945). O Poderoso Chefão gostaria que o mundo adotasse suas regras, ao passo que o mundo está mais interessado em construir procedimentos enraizados no documento mais consensual de todos os tempos, que é a Carta das Nações Unidas. Um tema subjacente e recorrente deste livro é a nossa insistência em medir o comportamento do Poderoso Chefão com base no Direito Internacional, tipicamente informado pela Carta das Nações Unidas. Não somos ingênuos quanto às limitações da Carta das Nações Unidas ou do sistema da ONU, mas é importante reconhecer que 193 países são signatários da Carta, um tratado vinculante e que serve de base para boa parte do Direito Internacional advindo desta.

Nosso livro

A retirada se baseia principalmente em conversas ocorridas entre nós dois [Noam e Vijay] no final de 2021, mas também em conversas que tivemos ao longo dos últimos anos. O livro é uma versão editada dessas conversas, provenientes de nossas pesquisas e escritos. Agradecemos a Marc Favreau, da *The New Press*, pela ideia inicial deste livro, e às nossas várias editoras pelo mundo afora por suas edições de *A retirada*. Agradecemos a Daniel Tirado, do Instituto Tricontinental de Pesquisa Social, pelo apoio técnico.

Em 2012, Noam teve uma conversa com Angela Davis, moderada por mim, em Boston. Surpreendentemente, foi nessa ocasião que Angela e Noam se conheceram pessoalmente. O tema da conversa era "futuros radicais", uma frase que ressoa uma década depois. Este livro nos une novamente, com o prefácio de Angela servindo de guia para o argumento.

Vietnã e Laos

VIJAY: O ar está calmo em Caracas (Venezuela). Na mesa de cabeceira estão dois livros que se tornaram peça-chave dos meus hábitos de leitura cerca de 30 anos atrás: *O poder americano e os novos mandarins* (1969) [2006] e *The Backroom Boys* [Os garotos dos bastidores] (1973), de Noam Chomsky. Ambos refletem sobre a atroz guerra estadunidense contra o povo do Vietnã, e ambos versam sobre os burocratas (os "novos mandarins" e os "rapazes dos bastidores") que conduzem guerras como essa em nome da "democracia" e dos "direitos humanos". Para saber a posição de Chomsky, basta uma olhada na dedicatória de *O poder americano*: "Aos jovens corajosos que se recusam a servir em uma guerra criminosa". Era uma afirmação clara de princípios, que há mais de meio século segue sendo a dedicatória de cada um dos livros de Noam. Ele sempre esteve lado a lado com o povo contra as forças sociais comprometidas com a expansão de sua riqueza, de seu poder, de seus privilégios. Eu estou lendo esses dois antigos clássicos políticos de Chomsky como preparação para uma longa conversa que estamos prestes a ter sobre a retirada dos Estados Unidos do Afeganistão, Iraque e Líbia, mas no fundo sobre o lento desgaste do poder estadunidense e a guerra híbrida que surgiu contra a China e a Rússia. Eu quero me certificar de estar preparado quando falar com Noam porque ele – com seus 90 e alguns anos – permanece afiado e pronto para a luta, um boxeador intelectual do mais alto calibre.

O livro de Noam, *O poder americano*, está ancorado em seu ensaio "The Responsibility of Intellectuals" [A responsabilidade dos intelectuais]. Este foi apresentado em 1966 perante a Sociedade Hillel (a organização judaica de estudantes) da Universidade de Harvard. O ensaio nos deslumbra, com Noam penetrando profundamente as hipocrisias do mundo intelectual dos Estados Unidos, onde professores descansam presunçosamente sobre os ideais da civilização americana, mas raramente confrontam sua realidade. "Intelectuais têm a possibilidade de expor as mentiras dos governos, de analisar ações de acordo com suas causas e motivos e intenções, frequentemente ocultadas", escreveu Noam, apresentando, em essência, a metodologia do intelectual crítico. O que motiva tais reflexões é a ousadia de homens como Arthur Schlesinger, professor da Universidade de Harvard, que foi o intelectual favorito e assessor do presidente John F. Kennedy. Após o fiasco da invasão de Cuba, planejada pelos Estados Unidos por exilados de direita em 1961 – o fiasco da Baía dos Porcos –, Schlesinger, que presunçosamente se colocava no "centro vital" da política estadunidense, mentiu para a imprensa sobre o ataque a Cuba. Quando da publicação de seu livro *Mil dias* (1965), Schlesinger foi indagado sobre ter mentido, ao que ele respondeu claramente que sim, tinha mentido e pronto. Noam leu isso no *The New York Times* na época em que foi oferecida a Schlesinger a cátedra Albert Schweitzer em Humanidades na City University of New York. Em "The Responsibility of Intellectuals", Noam escreveu sobre a casualidade dessa falsidade e os elogios que ela obteve do *establishment* nos Estados Unidos:

> Não é de particular interesse que um homem se disponha a mentir em nome de uma causa que ele sabe ser injusta; mas é significativo que tais acontecimentos provoquem tão pouca resposta na comunidade intelectual – nenhum sentimento, por exemplo, de que há algo estranho em se oferecer uma importante cátedra em humanidades a um historiador que acha que é seu dever persuadir o mundo de que uma invasão de um país próximo com patrocínio americano não é nada do tipo.

Quando Noam proferiu sua palestra na Sociedade Hillel de Harvard, ele já era um importante linguista, tendo escrito uma resenha poderosa de *O comportamento verbal,* de B. F. Skinner (em *Language,* 1959), quatro livros (*Estruturas sintáticas,* 1957 [2015]; *Current Issues in Linguistic Theory,* 1964; *Aspectos da teoria da sintaxe,* 1965 [1978]; e *Linguística cartesiana,* 1965 [1972]) e diversos outros textos de ampla circulação. Anos depois, em *The Cold War and the University* (1997), três importantes estudiosos das ciências (Chomsky, da Linguística, Richard Lewontin, da Biologia e Ray Siever, da Geologia) argumentaram que a maior parte dos governos participou do ataque à esquerda na Academia nas décadas de 1950 e 1960, mas evitaram atacar os professores das ciências, que frequentemente eram vistos como tecnocratas. Segundo Noam, sua pesquisa e reputação na Linguística lhe deram um espaço para desenvolver uma voz poderosa e crítica dentro da Academia estadunidense.

Em 1963, alguns dos mais importantes eruditos do mundo editorial de Nova York fundaram a *New York Review of Books.* Embora os primeiros números refletissem a elite do mundo editorial, à medida que os movimentos sociais foram enchendo as ruas dos Estados Unidos, os editores abriram suas páginas a vozes mais radicais. Uma dessas vozes, de 1967 ("The Responsibility of Intellectuals") a 1975 ("The Meaning of Vietnam"), foi a de Noam. Ele escreveu alguns dos melhores textos sobre a guerra estadunidense contra o Vietnã, Laos e Camboja publicados nos Estados Unidos.

Noam, conte-me sobre aquele seu marcante artigo, chamado "The Responsibility of Intellectuals".

NOAM: Bem, na verdade, "The Responsibility of Intellectuals" foi publicado inicialmente em um periódico da Universidade de Harvard, *Mosaic,* a revista da Sociedade Hillel. Com certeza a essa altura eles devem ter destruído o exemplar que estava em seus arquivos. O ensaio foi pescado pela *New York Review of Books,* que na época tinha um grupinho de escritores de esquerda. Os editores estavam acompanhando os acontecimentos entre jovens intelectuais que, no final da década de 1960, estavam se envolvendo com

28 A RETIRADA

movimentos de base. Então eles publicaram esse ensaio e outros sobre resistência. Aquele período terminou no começo da década de 1970 com a guinada à reação. Mas não dá para dizer que eu senti algo em particular a respeito. Eu estava envolvido demais com o movimento antiguerra para pensar em qualquer outra coisa. Dedicava a maior parte da minha vida a isso na época. Estávamos envolvidos em atividades de resistência. Nessa época eu enfrentava a probabilidade de uma longa pena na prisão.

VIJAY: Em 1967, você redigiu "Call to Resist" [Convocação a resistir] com Paul Lauter e outros, que foi publicado em vários veículos. O artigo nove do "Call" afirma:

> Convocamos todos os homens de boa vontade a se juntar a nós nesse enfrentamento da autoridade imoral. Especialmente, convocamos as universidades para que cumpram sua missão de informar e as organizações religiosas para que honrem sua herança de fraternidade. Esta é a hora de resistir.

Foi com base nesse chamado e nas ações que ele provocou que você – ao lado do dr. Benjamin Spock e William Sloane Coffin – se viu na mira do governo estadunidense. Eu me lembro de ler o artigo que você escreveu com Paul Lauter e Florence Howe sobre o "julgamento por conspiração" de Boston. Nele, vocês dizem que a Carta das Nações Unidas, os Princípios de Nuremberg e a Constituição dos Estados Unidos assentaram alicerces bastante bons para "encorajar resistência" ("Reflections on a Political Trial" [Reflexões sobre um julgamento político], *New York Review of Books*, 22 de agosto de 1968). A base daquele encorajamento foi colocada claramente no artigo:

> É impossível conduzir uma guerra brutal de agressão em nome de uma cidadania esclarecida e informada; ou a guerra deve ser terminada, ou os direitos democráticos, incluindo o direito à informação e à livre discussão, devem ser restringidos. Isso vale não só para a guerra no Vietnã, mas também para o uso da força americana para intervir nos assuntos internos de outros países.

Quatro dos cinco acusados haviam sido condenados e sentenciados. É importante lembrar que Ramsey Clark, procurador-geral do presidente Lyndon Johnson, decidiu não processar os jovens que queimavam seus cartões de recrutamento militar. Em vez disso, ele decidira ir atrás do dr. Benjamin Spock; do reverendo William Sloane Coffin, capelão da Universidade de Yale; de Marcus Raskin, fundador do Institute for Policy Studies; e outros, para que a guerra pudesse ser "vigorosamente debatida", como Clark disse mais tarde. Você estava na fila para ser processado como parte dessa assim chamada conspiração. Esse ensaio com Lauter e Howe, ao lado de um outro chamado "On Resistance" [Sobre a resistência] (*New York Review of Books*, 7 de dezembro de 1967), define a sua atitude com relação à guerra dos Estados Unidos, ancorada – como você diz – na Carta das Nações Unidas e na Constituição dos Estados Unidos. Esses dois textos, e outros, te deram os fundamentos para oferecer uma forte crítica ao poder estadunidense, particularmente do poder militar. Eu sei que você vai ignorar essa pergunta, mas vou fazê-la assim mesmo: de onde você tem conseguido tirar a coragem de se levantar – às vezes sozinho – para dizer as coisas que você diz?

NOAM: Você não pode levantar a questão da coragem quando se trata de pessoas tão privilegiadas quanto eu. Se você quiser ver coragem, vá até os camponeses lutando por suas vidas no sul da Colômbia, ou a coragem dos curdos no leste da Turquia, ou os palestinos nos campos de refugiados e nos territórios ocupados. Lugares onde você – como jornalista – passou a maior parte de sua vida. Lá você pode falar de coragem. Não para pessoas como eu.

VIJAY: Vou persistir um pouco. Não falemos de coragem. Que tal resiliência? Quero dizer, em algum momento você já pensou: "Esquece; não vale a pena"? Você parece persistir e persistir com a mesma dedicação apesar de ataques terríveis. Eu quero tentar entender isso um pouco. Uma tia minha disse: "Noam Chomsky é um corredor de longa distância". Me parece uma afirmação precisa. Por que você não desistiu da corrida?

NOAM: Provavelmente tem a ver com um traço pessoal nada atraente: arrogância. Mesmo sendo amargamente condenado por toda a comunidade intelectual, se eu achar que estou certo, eu não me importo.

VIJAY: Gostei muito dessa resposta. Achei linda. Eu não chamaria de arrogância. Eu chamaria – talvez – de teimosia. Sabe, às vezes a realidade nos obriga a sermos teimosos.

NOAM: Talvez. Chame do que quiser. Houve uma época em que a coisa ficou séria a ponto de minha primeira mulher, Carol, que morreu há alguns anos, voltar para a universidade após 17 anos porque parecia que ela teria que sustentar a família. Era muito provável que eu fosse para a prisão. Na verdade, eu fui designado pelo promotor no primeiro julgamento da resistência para ser a pessoa a ser indiciada no julgamento seguinte. Parecia que os julgamentos iam acontecer. O que nos salvou de fato foi coragem de verdade: a Ofensiva Tet. A Ofensiva Tet ocorreu em janeiro de 1968. Não se discute muito o assunto no Ocidente, mas ela foi o levante mais incrível da história humana. As zonas rurais sul-vietnamitas estavam saturadas com cerca de 600 mil soldados estadunidenses e entre 700 e 800 mil soldados do Exército de Saigon. Cada vilarejo estava penetrado por informantes de Saigon e dos Estados Unidos. Ninguém tinha ideia de que esse levante ia acontecer por todo o país. Eu não acho que haja na história qualquer coisa que se aproxime disso. Foi um tremendo choque nos Estados Unidos. A liderança estadunidense escutava os generais dizerem: "Tudo está sob controle. A qualquer momento, vamos vencer". Tet abalou essa avaliação. O governo estadunidense foi obrigado a mudar sua posição. Um grupo chamado de Wise Men [Os Sábios], advogados de Wall Street e operadores de bastidor se reuniu e basicamente informou a Johnson que ele não concorreria novamente. Disseram-lhe que ele deveria passar para algum tipo de negociação e retirada parcial. Parte dessa nova situação envolvia um esforço para apaziguar os jovens que protestavam pelos Estados Unidos afora. Se você der uma olhada na parte final dos Pentagon Papers, a parte que ninguém lê e que vem logo depois da Ofensiva Tet, consta que houve uma discussão sobre enviar mais tropas. Mas o alto comando militar não se entusiasmou. Eles disseram: "Se vocês mandarem mais tropas, vamos precisar delas para controlar a agitação civil nos Estados Unidos. Mulheres, jovens: eles vão se revoltar por todo lado. Não podemos mandar mais tropas para o exterior". Isso está nas duas últimas páginas dos Pentagon Papers. Havia uma preocupação real com isso, e eles cancelaram os julgamentos da resistência. Então eu acabei não indo a julgamento.

VIJAY: Você tem razão quanto à falta de informação, quanto mais de conhecimento, sobre a Ofensiva Tet. Talvez valha a pena dizer algo mais sobre esse ponto de inflexão na política da guerra estadunidense. Tarde da noite, em 30 de janeiro de 1968, dezenas de milhares de soldados da Frente de Libertação Nacional do Vietnã do Sul (Viet Cong) e do Exército do Povo do Vietnã começaram uma série de ataques coordenados ao Exército da ditadura de Saigon (ARVN), bem como às Forças Armadas dos Estados Unidos e de vários aliados. Como os ataques foram desferidos no feriado de Tet Nguyen Dan, muitos soldados do ARVN estavam de licença e o moral, no geral, estava baixo. O incrível foi que o ataque ocorreu em 36 das 44 capitais provinciais e em mais de uma centena de cidades. Nos relatórios do governo estadunidense, como o *Report of the Office of the Secretary of Defense: Vietnam Task Force* [Relatório do escritório do secretário de Defesa: força tarefa vietnamita], depois vazados e chamados de Pentagon Papers, ficava claro que a Ofensiva Tet abalou a confiança dos planejadores da guerra em Washington. O presidente Lyndon

32   A RETIRADA

Johnson ficou "profundamente abalado" pela recomendação de seu gabinete de guerra de que os Estados Unidos deveriam considerar uma retirada. Embora os Estados Unidos e o ARVN tenham retomado a vantagem após o revés inicial, ficou claro que eles não prevaleceriam sobre os comunistas em ambas as metades do Vietnã. Em decorrência da Ofensiva Tet, Johnson acabou com o bombardeio do Vietnã do Norte e não concorreu à reeleição. Enquanto isso, Hanoi fez um chamamento por negociações a partir de maio de 1968, processo esse que culminaria na retirada dos Estados Unidos em 1975.

Aquela reunião dos Wise Men – que você mencionou – ocorreu em 25 de março de 1968. Ela abalou o presidente Johnson, bem como alguns integrantes de sua equipe. Foi feio. O general Earle Wheeler, consumado linha-dura que presidia o Estado-Maior Conjunto das Forças Armadas, argumentou a favor de uma mobilização maior de forças e um aprofundamento da guerra, mas as realidades em Saigon afetaram até a sua determinação. "No final de fevereiro", Wheeler relatou a essa reunião dos Wise Men,

> eu visitei o Vietnã do Sul. Na época, a situação estava fluida. Os sul-vietnamitas estavam abalados e viviam uma espécie de paralisia. O governo e as Forças Armadas estavam agrupados nas áreas urbanas para se proteger de uma segunda onda de ataques. Eu disse ao presidente [Nguyen Van] Thieu que as forças do Vietnã do Sul tinham que passar para a ofensiva. Thieu disse que o Vietnã do Sul não aguentaria outra Ofensiva Tet.

Os Wise Men tinham truques brutais nas mangas, mas mesmo eles farejaram e verificaram que a realidade os derrotara. "O uso de armas atômicas é impensável", disse o assessor de Segurança Nacional McGeorge Bundy, como se pesando seu possível uso contra uma população já bombardeada brutalmente. A título de comparação, os Estados Unidos deixaram cair no Vietnã três vezes mais bombas (por peso) que nos teatros de guerra europeu e do Pacífico durante a Segunda Guerra Mundial. O impacto dos explosivos lançados sobre o Vietnã foi 100 vezes o impacto combinado das bombas atômicas de Hiroshima e Nagasaki. George Ball, alto funcionário do Departamento de Estado, comentou, cautelosamente: "À medida que seguimos com o bombardeio, nós nos alienamos do mundo civilizado. Uma parada no bombardeio acalmaria a situação aqui em casa". Foi a atitude de Ball – preservar a reputação dos Estados Unidos e evitar a aceleração da agitação civil dentro do país – que prevaleceu para Johnson. Nixon tentou escalar o conflito, com Wheeler criando a política de vietnamização, mas em vão. Já estava claro que os Estados Unidos haviam perdido a guerra e teriam que se retirar.

Um ano após a publicação de *O poder americano*, você foi ao Vietnã com dois amigos, Doug Dowd, professor de Economia na Universidade de Cornell, e Richard Fernandez, pastor da Igreja Unida de Cristo. Vocês foram a Hanoi (inclusive deram uma série de palestras na Universidade Politécnica) e visitaram áreas rurais nas cercanias de Hanoi. Tudo está descrito em detalhes em *At War with Asia* [Em guerra com a Ásia] (1970). Alguns anos atrás, o estudioso australiano Kevin Hewison perguntou sobre essa visita de 1970. E essa foi sua resposta:

NOAM: O Vietnã do Norte foi interessante, mas não pude ver muito. O que eu mais fazia era dar palestras na Universidade Politécnica – para ser mais preciso, nas ruínas da universidade. Quando havia uma pausa nos bombardeios, então os professores e estudantes podiam ser trazidos de volta do campo. Eles tinham estado fora de contato com o mundo por cinco anos. Eu passava cada dia palestrando sobre qualquer assunto que me ocorresse e sobre o qual eu soubesse alguma coisa. Havia perguntas de todo tipo, de assuntos internacionais a linguística, filosofia e o que Norman Mailer andava fazendo, e assim por diante. Eu conseguia sair um pouco, mas nunca para muito longe de Hanoi. Dava para ver as evidências dos bombardeios estadunidenses em Hanoi. Com meu grupo de visitantes – Doug Dowd e Dick Fernandez – viajamos um pouco para fora de Hanoi e pudemos ver os destroços de Phu Ly, o hospital destruído na cidade de Thanh Hoa, que os Estados Unidos alegaram que nunca foi atingido, mas nós vimos os escombros. A área em volta da ponte de Ham Rong tinha sido bombardeada intensamente. Parecia uma paisagem lunar. Vilarejos, tudo, totalmente destruídos, e a ponte mal parava em pé. Mas nós sabíamos que Hanoi até certo ponto estava protegida por causa das embaixadas, correspondentes estrangeiros etc. Quanto mais você se distanciava de Hanoi, mais intensos ficavam os bombardeios.

VIJAY: Os Estados Unidos conduziram uma campanha de bombardeios "secreta" contra o Laos de 1964 a 1973 para apoiar o regime real do país contra o Pathet Lao, e evitar o suposto uso do território pelos vietnamitas para suas linhas de suprimento no sul do Vietnã. Os Estados Unidos realizaram 580 mil missões de bombardeio, lançando cargas completas de bombas a cada 8 minutos, 24 horas por dia, por nove anos. O país é considerado o mais bombardeado do planeta. Você conheceu o Laos com Fred Branfman, diretor do Project Air War, que morava lá. Branfman, você se lembra, "vinha tentando desesperadamente fazer com que alguém prestasse atenção ao que se passava".

NOAM: Eu pude passar vários dias visitando campos de refugiados a cerca de 30 quilômetros de Vientiane [capital do Laos] e conhecer muitas pessoas que nunca teria conseguido conhecer sozinho. Eu escrevi sobre tudo isso, embora às vezes protegendo a identidade de pessoas que corriam grande perigo. Foi o momento certo para estar lá. Pouco antes, o exército de mercenários da CIA havia retirado dezenas de milhares de pessoas do norte do Laos – da Planície de Jars – onde muitos viveram em cavernas anos a fio, sujeitados ao que, na época, era o bombardeio mais intenso da história, prestes a ser superado pelo do Camboja. Eu passei muito tempo entrevistando esses refugiados, o que foi bem revelador.

Uma das outras coisas interessantes que eu fiz nessa viagem se relacionou à alegação de que o Vietnã do Norte tinha uma tropa de 50 mil soldados no Laos, e que por isso os Estados Unidos tinham que bombardear. Eu me interessava pelas fontes, e fiz o que parecia óbvio: fui à Embaixada estadunidense e pedi para falar com o chefe do setor político – em geral, o representante da CIA na Embaixada. Ele desceu e foi muito simpático, e eu pedi para ver o material de referência sobre os tais 50 mil soldados. Ele me levou a uma sala e me deu pilhas de documentos. Também disse que eu era a primeira pessoa a pedir tal material, o que me pareceu interessante. Eu o li e descobri evidências de que havia um batalhão vietnamita com talvez 2.500 integrantes em algum lugar no norte do Laos. O resto dos supostos 50 mil ou eram inventados ou eram idosos carregando sacos de arroz nas costas, tentando sobreviver aos bombardeios. Essa informação era muito surpreendente porque, nessa época, os Estados Unidos já estavam usando uma base avançada no norte do Laos para guiar o bombardeio do Vietnã do Norte, então eu supunha que haveria um número bem maior de norte-vietnamitas na região. Essa informação foi então corroborada por relatos de entrevistas com prisioneiros capturados e outros materiais que eu analisei. Parte desse material foi fornecido por Fred Branfman, e parte eu encontrei à medida que conheci o país um pouco mais – não muito, mas um pouco mais. A visita ao Laos foi uma experiência muito tocante. A tal guerra secreta tinha sido noticiada aqui e ali. Jacques Decornoy tinha publicado um artigo no *Le Monde*, e o jornalista *freelance* Tim Allman também tinha escrito a respeito. Então havia material disperso, mas eu pude ver evidências, com alguma profundidade, que não haviam aparecido. Suponho que de todas as coisas que escrevi, essa foi a que mais se aproximou dos meus sentimentos. Geralmente, eu tento deixar os meus sentimentos de fora do que escrevo, mas nesse caso provavelmente não foi assim.

VIJAY: O seu artigo na *New York Review of Books* – "A Visit to Laos" [Uma visita ao Laos] (23 de julho de 1970) – é um modelo de jornalismo cuidadoso, baseado em uma série de conversas com refugiados e camponeses, bem como com funcionários da CIA. O último parágrafo capta um pouco da sua melancolia: "Quando cheguei no Laos e encontrei jovens estadunidenses vivendo lá, por escolha própria, fiquei surpreso. Em apenas uma semana, comecei a sentir o encanto do país e seu povo – ao lado do desespero quanto ao seu futuro" (Chomsky, 1970b, n.p.). O bombardeio do Laos durou mais três anos; a guerra contra o Vietnã durou mais cinco.

O clima atual em Caracas é mais animador que em 2018-2020, quando parecia que os Estados Unidos interviriam militarmente para depor a Revolução Bolivariana. Ler *The Backroom Boys* nesse contexto me sugeriu a flexibilidade do projeto estadunidense. Se o projeto estadunidense não atinge seu objetivo em um lugar, ele altera seu foco para outro, e nem sempre seguindo uma grande estratégia. O segundo ensaio do livro, "Endgame" [Fim de jogo] (publicado originalmente em *Ramparts*, em abril de 1973), argumenta que mesmo se a "força ocidental for de fato retirada da Indochina [...], a luta rapidamente passará para outro lugar". Você escreveu que esses eram "conflitos inevitáveis". Dois anos depois, quando os Estados Unidos saíram do Vietnã, você publicou um breve comentário na *New York Review of Books* ("The Meaning of Vietnam" [O significado do Vietnã], 12 de junho de 1975), que conclui com a seguinte reflexão:

> O governo dos Estados Unidos foi incapaz de subjugar as forças do nacionalismo revolucionário na Indochina, mas o povo estadunidense é um inimigo menos resiliente. Se os apologistas da violência de Estado conseguirem reverter suas derrotas ideológicas dos últimos anos, o palco estará pronto para uma intervenção armada renovada em caso de 'subversão ou rebelião local' que ameace libertar alguma região do sistema global dominado pelo Estados Unidos. Vinte anos atrás, um prestigioso grupo de estudos identificou a ameaça primordial do 'comunismo' como sendo a transformação econômica das potências comunistas 'de maneiras que reduzam sua disposição e capacidade de complementar as economias industriais do Ocidente'. O esforço americano para conter esta ameaça na Indochina foi freado, mas a luta sem dúvida continuará em outro lugar. Onde ela irá desaguar será afetado, se

não determinado, pelo resultado do conflito ideológico sobre 'as lições do Vietnã'.

Quando os Estados Unidos perderam no Vietnã, o foco mudou – o país agora olhava para a Ásia Central, onde os rapazes dos bastidores queriam provocar a URSS, e para a América Central, onde os Contras se tornaram os lutadores pela liberdade do presidente Ronald Reagan. Nomes daquela era – Elliot Abrams sendo o primeiro entre eles – foram ressuscitados para assombrar o povo da Venezuela, assim como assombraram a Nicarágua e El Salvador décadas atrás.

Na entrada do prédio do Ministério das Relações Exteriores venezuelano há uma estátua dos óculos de Salvador Allende. Trata-se de uma escultura feita pelo artista chileno Carlos Altamirano. Os óculos estão quebrados, como foram achados após o golpe do general Augusto Pinochet em 1973. São um lembrete constante dos golpes do Poderoso Chefão, do ponto de vista de suas vítimas.

11 de Setembro e Afeganistão

VIJAY: Após a Ofensiva Tet, em 1968, o general Earle Wheeler desenvolveu uma política chamada vietnamização, ou seja, usar tropas vietnamitas sob a bandeira de Saigon para prosseguir com uma guerra pela qual os Estados Unidos não estavam mais dispostos a derramar sangue. (Era uma política emprestada dos franceses, que a chamavam de *jaunissement*, ou "amarelamento", já em 1943). Essa política de vietnamização, desenvolvida em 1968, seria adotada na Ásia Central e na América Central, fazendo sangrar partes do mundo para garantir que os Estados Unidos mantivessem sua primazia e que a URSS se enfraquecesse. À medida que os Estados Unidos desenvolveram sua política de "amarelamento", uma série de revoluções de esquerda ocorreu quase que para validar a fantasia dos rapazes dos bastidores dos dominós caindo e se bandeando para o comunismo:

- Guiné-Bissau, setembro de 1974.
- Vietnã, abril de 1975.
- Laos, maio de 1975.
- Moçambique, junho de 1975.
- Cabo Verde, julho de 1975.
- São Tomé, julho de 1975.
- Afeganistão, abril de 1978.
- Granada, março de 1979.
- Nicarágua, julho de 1979.
- Zimbábue, abril de 1980.

Muitas dessas revoluções aconteceram em colônias portuguesas por meio da luta armada e da mobilização de massas. Por causa das guerras cruentas perseguidas pelos portugueses, o

Estado fascista – o *Estado Novo* de António Salazar – se instaurou na metrópole. A luta armada definiu as vitórias não apenas nessas colônias, mas também no Vietnã, Laos, Nicarágua e Zimbábue. Afeganistão e Granada foram resultados de golpes de Estado convencionais. Tratou-se de lutas anticoloniais com um caráter socialista. Outra sublevação massiva e importante nesse período – a do Irã – resultou na formação de uma ordem teocrática, uma ordem não socialista, mas igualmente determinada a resistir à interferência e dominação estadunidenses. Contra o projeto de esquerda no Afeganistão, os Estados Unidos "amarelaram" a guerra por meio do recrutamento em larga escala de forças reacionárias do Afeganistão e do Paquistão, financiadas por petrodólares sauditas e armadas até os dentes pela CIA e outros órgãos estadunidenses, bem como apoiadas logisticamente pela ditadura militar paquistanesa (com seus compromissos religiosos).

O que foi feito contra o projeto de esquerda no Afeganistão foi replicado na América Central com os Contras (na Nicarágua) e com os esquadrões da morte de El Salvador, Guatemala e Honduras. Em 1986, no auge das guerras por procuração estadunidenses na América Central e na Ásia Central, você participou de um debate no noticiário *10 O'clock News* com John Silber, presidente da Universidade de Boston e membro da comissão de Henry Kissinger, para desnudar a ameaça do comunismo na América Central. Nesse debate, você descreveu francamente a natureza dos contras, descrição que poderia igualmente ser aplicada aos *mujahidin* no Paquistão e no Afeganistão, apoiados pelos Estados Unidos.

NOAM: Como já admitem até os mais fervorosos apoiadores dos contras, isso é o que se chama de um Exército por procuração, que ataca a Nicarágua a partir de bases estrangeiras, é inteiramente dependente de instruções e apoio de seus senhores, nunca propôs um programa político, não criou qualquer base de apoio político dentro do país e tem a quase totalidade de seu comando militar composto por oficiais somozistas [oficiais do regime de Anastasio

Somoza, que foi deposto pela Revolução Sandinista]. Seus feitos militares até o momento consistem em uma longa, horripilante e bem documentada série de episódios de tortura, mutilação e atrocidades e, em essência, nada mais. Funcionários do governo estadunidense agora estão admitindo abertamente e em público que a função principal dos contras é retardar ou reverter o ritmo das reformas sociais na Nicarágua, e tentar acabar com o caráter aberto daquela sociedade. O estado de sítio, por exemplo, que foi imposto no outono passado [1985], e que é muito suave, devo dizer – há muita abertura política na Nicarágua, como lá todos dirão, até o embaixador dos EUA –, corresponde aproximadamente ao estado de sítio em vigor em El Salvador desde o começo de 1980, só que em El Salvador ele está associado com um enorme massacre de dezenas de milhares de pessoas. Com a destruição da imprensa, e por aí vai. Ao passo que na Nicarágua ele é uma reação a uma guerra que nós estamos levando a cabo contra eles precisamente com o propósito de tentar retardar as reformas sociais e restringir as possibilidades de uma sociedade aberta e desenvolvida. É uma política cruel e selvagem, que nós deveríamos eliminar.

VIJAY: Em 2004, você descreveu os *mujahidin* de uma maneira bem semelhante a como você descreve os contras.

NOAM: Os Estados Unidos foram além de apoiar os *mujahidin*. Eles os organizaram. Eles coletaram islamistas radicais pelo mundo afora, os elementos mais violentos e enlouquecidos que conseguiam achar, e tentaram fazer deles uma força militar no Afeganistão. Poderia se argumentar que isso teria sido legítimo se o propósito fosse defender o Afeganistão. Mas não era. Na verdade, isso provavelmente prolongou a guerra no Afeganistão. A julgar pelos arquivos russos, parece que eles estavam prestes a se retirar no começo da década de 1980, e isso prolongou a guerra. Mas não era esse o objetivo. O objetivo era causar dano aos russos, não defender os afegãos. Então, os *mujahidin* estavam conduzindo atividades

42 A RETIRADA

terroristas dentro da Rússia, tendo o Afeganistão como base. Não por acaso, essas atividades terroristas cessaram após os russos se retirarem do Afeganistão, porque o que eles estavam tentando fazer é bem o que eles descrevem como, utilizando aqui sua terminologia, proteger as terras muçulmanas dos infiéis. Quando os infiéis se retiraram, eles pararam de realizar ataques terroristas na Rússia a partir do Afeganistão. Islamistas foram levados ao Afeganistão. Eles foram armados, treinados e orientados pela inteligência paquistanesa principalmente, mas sob supervisão e controle da CIA, com apoio da Grã-Bretanha e outras potências, com o propósito de tentar prejudicar os russos o máximo possível, naquela época. E, sim, eles se transformaram naquilo que se tornou a Al-Qaeda. Eqbal Ahmad reconheceu imediatamente e alertou – uma voz solitária – que os Estados Unidos e seus aliados estavam criando um monstro terrorista, reavivando conceitos de "jihad", como "guerra santa", que haviam estado esquecidos por séculos no mundo islâmico.

VIJAY: Esses contras e os *mujahidin* foram instrumentos da política estadunidense. Eles certamente enfraqueceram a possibilidade dos Estados da Ásia Central e da América Central de construir sociedades funcionais, forçando esses países a pagar um preço social altíssimo. Dos detritos dessas guerras surgiram narcotraficantes, terroristas, máfias e outras ameaças sociais. A Al-Qaeda é um produto dessa sopa repulsiva. Os ataques contra os Estados Unidos em 11 de Setembro foram aquilo que a CIA chama de blowback, um termo da física que descreve com precisão, no mundo da política, as consequências não intencionais de políticas deliberadas. O que os *mujahidin* e os contras se tornaram não foi surpresa para aqueles que, há tempos, vinham alertando sobre o caráter social da política estadunidense nessas regiões. Esta é uma questão importante do seu livro 9/11, publicado em novembro de 2001 como um alerta sobre a corrida para destruir o Afeganistão com base em uma história sinóptica da violência estadunidense em circunstâncias similares. Em 11 de Setembro de 2001, a Al-Qaeda atingiu os Estados Unidos com ataques terroristas espetaculares. O presidente dos Estados Unidos, George W. Bush, imediatamente apressou-se para pôr o país em pé de guerra, deixando claro que o Afeganistão era o alvo. Em 7 de outubro de 2001, os Estados Unidos começaram a bombardear o país.

Essa guerra levada a cabo pelos Estados Unidos contra o povo afegão, e que teria mais de 20 anos de duração, foi uma guerra criminosa, assim como você classificou a guerra contra o Vietnã? Teria sido, em primeiro lugar, criminosa no sentido de que foi um caso consciente e premeditado de agressão? E, em segundo, essa classificação se justificaria pela maneira como a guerra foi conduzida, sendo em si uma atrocidade indescritível?

NOAM: Não foi criminosa na mesma escala da Indochina, que foi um crime inacreditável. No entanto, não foi provocada, foi uma agressão ilegítima e foi uma atrocidade severa. Se você voltar 20 anos, você pode achar o que eu escrevi na época, não mais na *New York Review of Books*, mas em periódicos menores (como a *Z Magazine*). Os Estados Unidos não tinham qualquer base para invadir o Afeganistão. Houve o 11 de Setembro; presumiu-se que ele provavelmente havia sido levado a cabo pela Al-Qaeda e Osama Bin Laden, que estavam no Afeganistão, mas o Talibã não era responsável pelo que ele poderia ter feito. E, certamente, o povo afegão não era responsável. Logo após o 11 de Setembro, o governo estadunidense iniciou uma intensa investigação internacional, provavelmente a mais intensa e extrema da história. Oito meses mais tarde, Robert Mueller, diretor do FBI, deu sua primeira grande entrevista coletiva. Estamos falando de oito meses após os Estados Unidos terem invadido o país. É claro que uma das perguntas feitas a Mueller foi: "O que o senhor sabe sobre o 11 de Setembro?" Ele disse que nós presumimos que provavelmente foi realizado pela Al-Qaeda, mas nós ainda não conseguimos determinar isso ao certo. Oito meses depois da invasão. Se os Estados Unidos estivessem mesmo interessados em pôr as mãos na Al-Qaeda e em Bin Laden, na época um pequeno grupo provavelmente sediado na fronteira do Afeganistão com o Paquistão, eles poderiam ter feito isso com uma pequena operação policial, provavelmente com a cooperação do Talibã, que tinha todas as razões para se livrar daquele problema. Eles não podiam expulsar a Al-Qaeda e Bin Laden por causa da natureza da cultura tribal, mas também não os queriam por perto. Eram apenas uma dor de cabeça. E o Talibã fez várias ofertas incipientes de extradição a países islâmicos, onde os Estados Unidos poderiam detê-los rapidamente. Na verdade, duas semanas após a invasão estadunidense, o Talibã ofereceu uma rendição completa, total, o que significa que a Al-Qaeda e Bin Laden estariam nas mãos dos Estados Unidos. A resposta dos Estados Unidos foi: "Nós não negociamos rendições". Donald Rumsfeld, secretário de Defesa dos Estados Unidos na época, ecoado imediatamente por George W. Bush, disse: "Nós não negociamos rendições. Temos objetivos maiores". O objetivo foi esboçado por Rumsfeld em algumas de suas anotações, mas também pelo General Wesley Clark, que disse que havia visto as propostas detalhadas de como os Estados Unidos planejavam expandir sua – ele não chamou de agressão, mas eu vou chamar – agressão em sete países da região. Os países eram Irã, Iraque, Líbia, Líbano, Somália, Sudão e Síria. Clark disse isso numa entrevista televisionada em 2007. Era apenas o primeiro passo. O presidente Bush foi indagado mais tarde numa entrevista coletiva: "O que o senhor sabe sobre Bin Laden?" Ele disse: "Na verdade, não nos importamos. Não nos interessamos muito".

Algumas semanas depois do 11 de Setembro, os Estados Unidos cortaram o fornecimento de ajuda humanitária vinda do Paquistão. O Afeganistão estava sofrendo sob uma severa ameaça humanitária. Milhões de pessoas enfrentavam o perigo da fome em larga escala. Os Estados Unidos cortaram todo o tráfego de caminhões do Paquistão ao Afeganistão, a principal fonte de ajuda, só para fazer o povo afegão passar fome. Outras medidas semelhantes foram implantadas. Organizações humanitárias ficaram furiosas, implorando pela restauração da ajuda básica a milhões de afegãos que estavam à beira da fome. Ninguém se importou. Nada. Quase não foi noticiado. Uma linha aqui e acolá no *The New York Times*, ou uma menção passageira. E, enquanto isso, os Estados Unidos começaram sua invasão.

Então por que os Estados Unidos invadiram o país? Bem, a única resposta séria que ouvi, que eu acho correta, foi dada por Abdul Haq, a figura mais respeitada na resistência afegã anti-Talibã. Haq deu uma entrevista em meados de outubro de 2001 a Anatol Lieven, respeitado estudioso da Ásia Central. Lieven perguntou a Haq: "Por que você acha que os Estados Unidos realizaram a invasão?" Haq respondeu: "Os Estados Unidos não se preocupam com o povo afegão. Eles sabem que vão matar muitos afegãos. Eles vão solapar os nossos esforços para derrubar o Talibã por dentro". Algo que Abdul Haq acreditava ser possível. Mas os Estados Unidos não se importavam. O governo estadunidense queria mostrar sua musculatura e intimidar todo mundo. Veja Rumsfeld: "Nós não negociamos rendições. Só queremos mostrar nossa musculatura, intimidar todo mundo, avançar para outras metas". Se você conseguir pensar numa resposta melhor que essa, eu gostaria de ouvi-la. Eu nunca ouvi uma melhor. Acho que foi por isso que os Estados Unidos rejeitaram as ofertas de rendição do Talibã. Eles simplesmente não se preocupavam em obter o controle sobre a Al-Qaeda e Bin Laden, ou algo parecido. Simplesmente não era um interesse principal. E como eu disse, na época eles nem sabiam quem era responsável pelo 11 de Setembro.

VIJAY: Em fevereiro de 2002, você escreveu um artigo que avaliava o período inicial da guerra estadunidense contra o Afeganistão ("The War in Afghanistan" [A guerra no Afeganistão], *Z Magazine*, 1º de fevereiro de 2002). Naquele artigo, você escreveu sobre a "preocupação tardia com o destino das mulheres no Afeganistão, chegando até mesmo à primeira-dama" Laura Bush, que deu uma declaração melosa no rádio sobre como a

46 A RETIRADA

guerra ajudaria as mulheres afegãs. "A luta contra o terrorismo é também uma luta pelos direitos e dignidade das mulheres", disse ela, o que é bom como sentimento abstrato, mas que na prática não significava nada. Você disse corretamente que esta preocupação não se aplicava às mulheres de outras partes da Ásia Central e do Sul, certamente não às mulheres sauditas ou dos Estados do Golfo Pérsico. "Nenhuma pessoa sã defende a intervenção militar estrangeira para retificar essas e outras injustiças", você escreveu, embora essa fosse a base do apoio de muitos liberais à guerra. Você destacou o trabalho da Associação Revolucionária das Mulheres do Afeganistão (Rawa, na sigla em inglês), que havia convocado à "erradicação da praga do Talibã e Al-Qaeda", mas não por meio do trabalho dos senhores da guerra apoiados pelos Estados Unidos, cujo "histórico de violações dos direitos humanos" é "tão ruim quanto o do Talibã". Quando você escreveu esse ensaio, já estava claro que os senhores da guerra apoiados pelos Estados Unidos estavam no poder e que a situação das mulheres no Afeganistão não melhoraria. Eu havia me encontrado com Anahita Ratebzad, uma comunista exilada na Alemanha, para conversar sobre esses assuntos. Ela foi uma das fundadoras da Organização Democrática de Mulheres Afegãs (Doaw, na sigla em inglês) em 1965, e uma das quatro mulheres eleitas para o parlamento naquele ano. Na época do golpe comunista de 1978, a taxa de alfabetização no país era de meros 18,6% (entre mulheres, a taxa era insignificante). Em 1978-1979, 18 mil instrutores – muitas da Doaw – se espalharam por zonas rurais e urbanas para acelerar a alfabetização do povo, o que era visto como o fundamento necessário para qualquer reforma social. A cada ano, centenas de mulheres saíam das faculdades como professoras, médicas, funcionárias públicas e professoras universitárias. Elas levavam as ideias desenvolvidas em Cabul às áreas rurais, onde enfrentavam os líderes tribais, os latifundiários e os clérigos. Foram esses instrutores de alfabetização rural – vale repetir, em sua maioria, mulheres – que foram o alvo inicial dos senhores da guerra apoiados pelos Estados Unidos, que atacaram e assassinaram milhares de instrutores a partir de suas bases paquistanesas. Nada disso foi registrado no debate público. Mais tarde, em 2003, a imprensa internacional tampouco prestou muita atenção às palavras de Malalai Joya, que – como membro eleito da *loya jirga* (na prática, o Parlamento) – disse a respeito daqueles no plenário com ela que "eram as pessoas mais antimulher na sociedade" e que "deveriam ser levados aos tribunais nacionais e internacionais". O líder da *loya jirga*, Sibghatullah Mojaddedi, considerado pelos Estados Unidos um "moderado", chamou Malalai Joya de "infiel" e "comunista" e retirou-a da *jirga*. Esses foram os homens que chegaram ao poder nas asas dos caças F-16. Quando você estava escrevendo *9/11*, você se encontrou com Rasil Basu, que havia trabalhado com a ONU no Afeganistão e conhecia os acontecimentos imediatamente anteriores à era dos senhores da guerra e do Talibã no Afeganistão. O que ela te dizia às vésperas da guerra estadunidense contra o Afeganistão?

NOAM: É uma história muito interessante. Rasil Basu era uma figura feminista de estatura internacional que trabalhou principalmente para as Nações Unidas. Ela foi uma das organizadoras do Ano Internacional da Mulher em 1975. Nos últimos anos da ocupação russa do Afeganistão, no final da década de 1980, ela foi enviada da ONU no país, trabalhando principalmente com direitos da mulher. Por volta de 1989, após a retirada das Forças Armadas soviéticas, em fevereiro, ela me disse que, sob a ocupação russa nos centros urbanos maiores, como Cabul, houve enormes ganhos nos direitos da mulher. Em Cabul, as mulheres jovens usavam as roupas que queriam, frequentavam a universidade, tinham diversos empregos disponíveis, a taxa de alfabetização subira expressivamente. Isso, em grande medida, se devia ao fato de os homens estarem fora, lutando em algum lugar. Havia problemas, disse ela. Os problemas eram os *mujahidin*, apoiados pelos Estados Unidos. Os Estados Unidos escolheram os mais cruéis e brutais deles para apoiar, ou seja, o grupo de Gulbuddin Hekmatyar. Eles jogavam ácido no rosto de mulheres

48 A RETIRADA

que estivessem usando roupas erradas ou coisas desse tipo. Mas fora isso, Rasil Basu disse que houve melhorias tremendas. Ela escreveu vários artigos sobre tudo isso, mandou-os aos grandes veículos de mídia dos Estados Unidos, mas essas publicações nem ao menos responderam. Mandou-os à revista *Ms.*, o principal periódico feminista; nem resposta. Afinal, ela conseguiu publicá-los na imprensa asiática, no *Asia Times*, mas não nos Estados Unidos. A história dela era a história errada. A história dela era dos soviéticos protegendo mulheres, enquanto os Estados Unidos apoiavam os gângsters homicidas que jogam ácido no rosto de mulheres. Essa não era uma história que a imprensa estadunidense desejava publicar, não importando o quão factual fosse. De fato, até hoje, acho que esses assuntos não foram noticiados. Parece que, simplesmente, é a história errada.

Sir Rodric Braithwaite, que escreveu o principal livro em inglês sobre os soviéticos no Afeganistão (*Afghantsy*, 2012), foi o embaixador britânico na União Soviética e depois na Rússia. Durante os anos da retirada, ele acompanhou de perto cada detalhe do que se passava. Ele visitou o Afeganistão em 2008 e escreveu a respeito no *Financial Times*, o principal jornal de negócios no mundo, não um jornal comunista. Ele apenas descreveu suas impressões de Cabul e relatou o que diziam as pessoas que encontrava. Conversou com pessoas de todas as origens – pró-governo, ex-*mujahidin*, mulheres e homens de diferentes estratos sociais. A nostalgia parecia ser o tema principal. Elas lembravam do período soviético com afeto. A pessoa que elas mais respeitavam era Mohammad Najibullah, o último chefe de governo comunista.

VIJAY: Vale a pena pausar aqui e citar o artigo de Braithwaite, que traduz um pouco do sentimento da época nas ruas, com relação ao governo "de coalizão" instaurado pelos Estados Unidos em Cabul:*

---

* Rodric Braithwaite, "New Afghan Myths Bode Ill for Western aims," *Financial Times*, 15 de outubro de 2008.

Hoje, no Afeganistão, novos mitos estão sendo construídos. São um mau presságio para a atual política ocidental. Em uma visita recente, eu conversei com jornalistas afegãos, ex-*mujahidin*, profissionais, pessoas que trabalham para a 'coalizão' – apoiadores naturais de sua reivindicação de trazer paz e reconstrução. Eles falavam com desdém do presidente Hamid Karzai, que comparavam a Shah Shujah, o títere dos britânicos instalado durante a primeira guerra afegã. A maior parte preferia Mohammad Najibullah, o último presidente comunista, que tentou reconciliar a nação dentro de um Estado muçulmano e foi massacrado pelo Talibã em 1996; DVDs de seus discursos estão sendo vendidos nas ruas. As coisas, afirmam eles, eram melhores sob os soviéticos. Cabul era segura, as mulheres tinham empregos, os soviéticos construíram fábricas, estradas, escolas e hospitais, crianças russas brincavam em segurança nas ruas. Os soldados russos lutavam com bravura, como guerreiros de verdade, em vez de matar mulheres e crianças com ataques aéreos. Mesmo o Talibã não era tão ruim: eram bons muçulmanos, mantinham a ordem e respeitavam as mulheres à sua maneira. Esses mitos podem não refletir a realidade histórica, mas são uma medida da profunda desilusão com a 'coalizão' e suas políticas.

NOAM: Najibullah resistiu por vários anos após a retirada das tropas soviéticas, apesar dos ataques dos *mujahidin*. Em 2008, os afegãos olhavam para ele provavelmente como a melhor pessoa na história afegã. Havia fotos dele por toda parte, as pessoas escutavam seus discursos. Braithwaite disse que não tinha certeza de quanto disso tem sido inventado em reação à situação atual, ou quanto é real. Mas, ele afirma, é uma reação à situação atual. Eu não li reportagens assim na imprensa estadunidense. O que Braithwaite disse então, e o que Rasil Basu disse então, poderia muito bem ser publicado hoje, 20 anos depois. Mas não será.

VIJAY: Logo após o 11 de Setembro, você começou a organizar seu livro *9/11*. Nele, você cita o primeiro-ministro francês Hubert Védrine, que disse: "Se o Ocidente entrar no Afeganistão, será uma armadilha diabólica". Após citar essa fala no seu livro, você escreveu: "Se os Estados Unidos entrarem nessa guerra, atenderão às preces de Bin Laden e seus aliados". Você poderia refletir um pouco, 20 anos depois, sobre a profecia de Védrine e o seu comentário?

NOAM: Bin Laden esperava, abertamente, incitar uma guerra entre os Estados Unidos e o que é chamado de Ummah, ou seja, o mundo muçulmano. Ele queria incitar o mundo muçulmano a se juntar a ele em seu esforço para derrubar o demônio malvado, os Estados Unidos. A melhor maneira de fazê-lo seria se os Estados Unidos atacassem os muçulmanos, exatamente como aconteceu no Afeganistão. Quando os Estados Unidos invadiram o país e seus soldados chegaram aos vilarejos, havia sinais de esperança. Isso foi noticiado por aqueles jornalistas que não haviam sido cooptados pelas tropas dos Estados Unidos e da Otan, que saíram de Cabul e foram para os vilarejos e continuaram voltando de lá ano após ano. É claro que os afegãos não gostaram de ser invadidos. Mas eles viam os Estados Unidos como um país muito rico e muito poderoso, que talvez viesse ajudá-los. Isso não durou muito. Os invasores estadunidenses, é claro, não sabiam absolutamente nada sobre o país, e a maior parte não dava a mínima para o país. Então eles simplesmente buscaram pessoas locais que pudessem administrar várias regiões para eles. Quem eram essas pessoas locais? Eram os senhores da guerra que vinham aterrorizando suas próprias populações por décadas. Eles sabiam administrar, sabiam tocar as coisas, e se ofereceram aos Estados Unidos como chefes locais, e os Estados Unidos se satisfaziam em terceirizar a "construção da nação". Então, quem se importa se os Estados Unidos entregaram os vilarejos e cidades para um punhado de assassinos e gângsters? Esses gângsters imediatamente instituíram suas medidas mais brutais e nomearam seus assassinos em massa para tocar as coisas por eles. Eles descobriram uma técnica brilhante para se livrar de seus rivais: basta dizer ao comandante estadunidense que lá no outro vilarejo há um sujeito que apoia o Talibã que os Estados

Unidos imediatamente enviam suas Forças Especiais, na calada da noite, para arrombar e invadir a casa das pessoas, humilhá--las, levar embora os homens, enviá-los para câmaras de tortura e transportá-los para Guantánamo. Enquanto isso, em paralelo, enviam um drone para atacar uma festa de casamento e matar duas dúzias de pessoas. Logo, logo, você já fez o recrutamento do Talibã por ele. Enquanto isso, você treina o assim chamado Exército afegão com equipamentos e práticas estadunidenses. Há corrupção em grande escala, com comandantes pegando dinheiro sob a alegação de que recrutaram soldados que não existem – os soldados fantasmas – e depois usando o dinheiro para forrar seus bolsos. Soldados mudam de lado levando seu equipamento. Rumam na direção do Talibã.

Isso era exatamente o que Bin Laden torcia para acontecer pelo mundo afora. Cada lugar que os Estados Unidos atacam, eles criam mais antagonismo, mais disposição para defender o mundo muçulmano, que agora é visto como estando sob ataque por sua fé religiosa. Sim, a resposta dos Estados Unidos quase que seguiu um roteiro de autoria de Bin Laden, e foi a resposta perfeita para suas preces. Os Estados Unidos não se importavam de estar participando do jogo. Está bem, temos uma guerra contra o mundo muçulmano, do Afeganistão à Nigéria e às Filipinas. Após a Batalha de Omdurman, quando os britânicos derrotaram o Mahdi em 1898, Hilaire Belloc escreveu um poema famoso com os versos:

> O que quer que aconteça, nós temos
> A metralhadora Maxim, e eles não.

Basicamente, esse é o *slogan* imperial. As pessoas não importam. Nada importa. Nós temos as armas, e nós vamos tomar o controle e dar as cartas. No caso do Afeganistão após o 11 de Setembro, a mesma coisa: podemos mostrar nossa musculatura e intimidar a todos. Os Estados Unidos não tinham qualquer outro interesse no Afeganistão.

52 A RETIRADA

Vamos avaliar a alegação de que os Estados Unidos se preocupam com o povo afegão. Desde agosto de 2021, o Talibã está de volta ao poder. Eles construíram suas bases em parte por causa das atrocidades da ocupação e guerra estadunidenses. Na minha opinião, a única surpresa na sua tomada do poder foi como expandiram sua gama de apoios. Quando foi criado em 1994 e durante seu primeiro período no poder, de 1996 a 2001, o Talibã era uma organização pashtun.* Agora, o Talibã tem raízes nas regiões das minorias, inclusive as áreas tajiques, do norte. Como eles conseguiram? Talvez comprando lealdade, talvez pela força, quem sabe. De uma forma ou de outra, eles agora têm esse apoio e são governo. Mas o governo estadunidense se recusa a reconhecê-lo, apesar de ter negociado com eles por décadas. O que significa essa falta de reconhecimento? Significa que o governo afegão não tem assento na ONU e não tem acesso aos seus recursos – US$9,5 bilhões –, que estão em bancos de Nova York. O povo afegão está diante de uma crise humanitária muito severa, enquanto os Estados Unidos se recusam a liberar recursos para o Talibã, que está implorando pela liberação dos fundos. As instituições financeiras internacionais, provavelmente sob pressão estadunidense, estão segurando os recursos e o apoio. Enquanto isso, os órgãos internacionais alertam que o Afeganistão enfrenta aquela que provavelmente é a pior crise humanitária do mundo, mas precisamos segurar os recursos. Por que isso acontece? Porque cidadãos estadunidenses que foram prejudicados pelo 11 de Setembro exigem reparações do Afeganistão pela morte de seus familiares ou a título de indenização. Os tribunais decidiram em favor das famílias. Então o governo do presidente Joe Biden enfrenta um nó jurídico, embora tenha anunciado que permitiria que quase metade do dinheiro afegão fosse entregue às famílias do 11 de Setembro. As vítimas

---

* Pashtun – grupo etnolinguístico localizado principalmente no leste e no sul do Afeganistão e, no Paquistão, nas províncias de Caiber Paquetuncuá e do Baluchistão e nas áreas tribais. (N. E.)

estadunidenses do atentado reclamam esses fundos, e o sistema judicial estadunidense as apoia. Como pode o governo dos Estados Unidos não liberar os recursos para o governo afegão, mesmo que milhões de afegãos corram o risco de morrer de fome? Eles não tiveram nada a ver com o 11 de Setembro, mas são obrigados a pagar por ele. E os Estados Unidos precisam mostrar sua força e intimidar a todos. Alguém está sugerindo um processo para os afegãos pedirem aos Estados Unidos que lhes mandem trilhões de dólares em reparações por terem devastado o país e solapado sua sociedade nos últimos 20 anos?

Podemos repassar as atrocidades cometidas no Afeganistão. O povo do Iraque tem direito de iniciar processos nos Estados Unidos para reivindicar trilhões de dólares pela invasão ilegal estadunidense e destruição de seu país, deixando para trás miséria e conflitos étnicos que não existiam antes, e que agora estão despedaçando a região? Alguém nos tribunais estadunidenses está pedindo reparações para os afegãos e os iraquianos, ou até mesmo para o povo de Honduras, Guatemala, El Salvador ou da Nicarágua? Há inúmeros centro-americanos torturados, suas sociedades devastadas, suas vidas despedaçadas. Tem gente fazendo reivindicações por eles nos tribunais estadunidenses? Essas perguntas são inimagináveis. Ninguém pode exigir nada do chefão da máfia, já que o chefão simplesmente determina o que acontece no mundo, tomando o que é preciso. Se cidadãos estadunidenses dizem: "É necessário que afegãos que estão passando fome paguem reparações a nós", então isso é o que vai acontecer. Os tribunais dizem: "Sim, está certo". Nós somos os governantes do mundo. Nós determinamos o que acontece. Se uma entre o enorme número de vítimas dos crimes estadunidenses solicitar sequer uma investigação dos crimes, a resposta é: "Sinto muito, um chefão da máfia não faz isso. Essa não é uma tarefa do Poderoso Chefão". Em resumo, é isso.

Não são apenas os Estados Unidos. Trata-se da atitude imperial. A França, por exemplo. A França foi forçada a se retirar de sua principal colônia, fonte de boa parte de sua riqueza, o Haiti, após a Revolução Haitiana de 1804. Os franceses obrigaram os haitianos a pagar por seu crime de se libertar do jugo francês. Os donos de escravos tinham que ser compensados. Aí a França impôs uma indenização enorme ao Haiti, que o país não conseguiu saldar até que os Estados Unidos assumiram o empréstimo depois da Segunda Guerra Mundial. Em 2002, o presidente do Haiti, Jean-Bertrand Aristide, convocou a França a pagar US$22 bilhões em reparações. Os franceses disseram que a questão fora resolvida em tratados do século XIX, e que tais reparações não seriam pagas. Em 2004, Aristide foi destituído num golpe apoiado pela França e pelos Estados Unidos. Ele foi substituído por uma junta militar, que renunciou à demanda haitiana por reparações. Foi conveniente, e os franceses disseram que não tinham qualquer responsabilidade pela situação. Há muitos exemplos de como a Grã-Bretanha reage a essas questões de forma muito semelhante aos franceses.

Não há dissensão nos Estados Unidos, nem mesmo dos liberais. Após os Estados Unidos terem se retirado do Vietnã, o presidente Jimmy Carter foi indagado, em março de 1977, se os Estados Unidos deviam algo ao povo do sudeste asiático por terem destruído o Vietnã, Laos e Camboja, matado milhões de pessoas, devastado a região com guerra química, e assim por diante. Sua resposta foi bem ponderada. Ele disse: "Nós não lhes devemos qualquer dívida. A destruição foi mútua". Está bem. Esse é o presidente liberal. Reagan era pior: "Era uma causa nobre, nós estávamos certos, então eles são os que nos devem reparações". Ou George H. W. Bush:

> Nós estamos dispostos a perdoar os vietnamitas por seus crimes contra nós porque somos uma nação clemente. Se eles cumprirem sua única responsabilidade – encontrar as ossadas dos pilotos estadunidenses derrubados pelos malvados norte-vietnamitas enquanto estavam numa missão de misericórdia, voando sobre o Vietnã do Norte em seus B-52s para devastar aquele lugar, se eles fizerem isso – e como somos um país clemente – nós os perdoaremos se eles cumprirem esse dever.

Esse é George H. W. Bush, o estadista, não George W. Bush, seu filho, o maníaco. Podemos seguir indefinidamente nessa toada pelos anais da história imperial.

VIJAY: Em 2015, você disse a Isabelle Kumar que os Estados Unidos são o maior país terrorista do mundo. Essa foi a manchete. Mas você se referia, de fato, à campanha estadunidense de assassinatos por drones em lugares como o Afeganistão, Paquistão, Somália e Iêmen. Você disse que a campanha de assassinatos é, de longe, a pior campanha terrorista do mundo, orquestrada em Washington por um governo liberal democrático. O Bureau of Investigative Journalism tem feito um levantamento bastante confiável dos ataques com drones. Calcula-se que, entre 2010 e 2020, os Estados Unidos conduziram mais de 14 mil ataques com drones, matando entre 8.858 e 16.901 pessoas (das quais entre 910 e 2.200 eram civis, e dessas, entre 283 e 454 eram crianças). Azmat Khan e seus colegas, autores dos Civilian Casualty Files sobre ataques aéreos liderados pelos Estados Unidos no Iraque e na Síria, descobriram que em metade dos ataques não havia nenhum membro do Estado Islâmico por perto, e que os mortos eram civis. Entre o Bureau – com boas informações sobre o Afeganistão e o Paquistão – e os Civilian Casualty Files – com boas informações sobre o Iraque e a Síria –, nós temos uma coletânea assombrosa de fatos sobre a natureza homicida dessas guerras. Essa campanha com drones foi mais uma ferramenta de recrutamento para o Talibã nas zonas fronteiriças entre o Afeganistão e o Paquistão, ao passo que a guerra aérea contra o Iraque e a Síria certamente aprofunda a antipatia aos Estados Unidos. Essas são ações terroristas bastante autoevidentes.

NOAM: Imagine se o Irã estivesse levando a cabo uma campanha terrorista internacional para assassinar pessoas consideradas potencialmente perigosas para o país? Cada figura de destaque no governo estadunidense e no governo israelense, e

56 A RETIRADA

mais quem quer que estivesse por perto e que seria tratado como dano colateral dessa campanha. Suponha que eles fizessem isso. O que os Estados Unidos diriam? Para começo de conversa, nós não diríamos nada, porque atacaríamos com armas nucleares e os destruiríamos. Mas se nós disséssemos alguma coisa, seria: "Eles são a maior ameaça terrorista do mundo". Como pode um país ousar sair por aí assassinando gente? Pois essa é a real razão de ser da campanha com drones. Ela mata pessoas que os Estados Unidos acham que representam uma ameaça aos Estados Unidos ou aos seus interesses. O que significa na realidade é que alguns caras no noroeste do Paquistão estão trocando um pneu, um drone circunda acima deles, decide que o que eles estão fazendo é suspeito e os esmigalha com um míssil Hellfire. Essa é a política do presidente Barack Obama. O presidente Donald Trump piorou a coisa, usando a Mother of All Bombs no povo do sudeste do Afeganistão.

Eu sei que a afirmação de que os Estados Unidos são um país terrorista é considerada uma afirmação ultrajante. Eu faço afirmações ultrajantes de propósito se elas são verdade. Eu não me incomodo se elas são ultrajantes. Alguns anos atrás, eu disse que o Trump é o criminoso mais perigoso da história mundial. Como ser mais ultrajante que isso? Mas vamos olhar os fatos. Você consegue pensar em outra figura na história mundial tão apaixonadamente dedicada quanto ele a destruir as perspectivas de vida humana na Terra? Nem Hitler, nem Genghis Khan; ninguém ganha de Trump. Os Estados Unidos já vinham fazendo corpo mole com relação a esforços para evitar a iminente catástrofe existencial da destruição ambiental. Trump acelerou a devastação. Ele disse:

> Quem se importa? Vamos correr rumo ao precipício o mais rápido possível, maximizar o uso de combustíveis fósseis, incluindo os mais perigosos, nos livrar de todos os regulamentos que ligeiramente mitigam seu efeito, vamos destruir tudo o mais rápido possível para benefício dos meus senhores, as pessoas na sede corporativa da ExxonMobil que precisam registrar seus lucros amanhã.

Essa é a ordem precisa das coisas. Elimina tudo. Dá para encontrar figura análoga na história? A questão é que essas são afirmações ultrajantes, mas são verdade, e não só na minha opinião. Certa vez, a organização Gallup cometeu um erro. Foi em 2013, nos anos Obama, quando ela perguntou: "Qual país é a maior ameaça à paz mundial?" Não houve concorrente para os Estados Unidos. O país ficou em primeiro lugar isolado, seguido do Paquistão, cuja votação sem dúvida foi inflada pelos votos indianos. China, Coreia do Norte, Israel e Irã formavam o terceiro pelotão de ameaças, bem atrás dos Estados Unidos. Essa pesquisa não foi publicada nos Estados Unidos. Veja as iniciativas-chave da política externa estadunidense: a invasão e ocupação do Afeganistão, a invasão e ocupação do Iraque, o bloqueio a Cuba, as sanções contra o Irã e a Venezuela – oposição massiva dos povos e governos do mundo.

Após o 11 de Setembro, o presidente George W. Bush suspirava lamentos: Por que eles nos odeiam? Nós, que supostamente somos tão nobres e tão maravilhosos; por que eles nos odeiam? O governo abriu uma investigação, a cargo do Pentágono, para responder à pergunta de Bush. Sua resposta foi: "Eles nos odeiam por causa do que fizemos a eles". Essa resposta não foi longe. Em 1958, o Presidente Dwight D. Eisenhower fez à sua assessoria a mesma pergunta:

> Por que eles nos odeiam? Temos sido tão bons para eles. Até obrigamos Israel, a Grã-Bretanha e a França a se retirar do Sinai, não porque nos opuséssemos, mas porque estavam entrando em nosso território. Nós somos os únicos que podemos fazer coisas assim. Eles não podem mais. Eles são o resquício do século XIX. Então nós os expulsamos. E, no entanto, as pessoas não são gratas a nós. Elas ainda nos odeiam.

Bem, houve uma resposta dada pelo Conselho de Segurança Nacional, basicamente a mesma que foi dada a Bush: "Elas nos odeiam por causa do que fazemos a elas".

Não posso imaginar por que os remanescentes dos nativos estadunidenses talvez tenham sentimentos negativos sobre os

58 A RETIRADA

Estados Unidos, ou porque, digamos, mexicanos poderiam olhar para a cidade em que vivo no México ocupado e dizer que algo estava errado com uma guerra de agressão. Nós roubamos metade do território mexicano, que agora são o sudoeste e o oeste dos Estados Unidos. Como eles poderiam ter sentimentos negativos sobre isso? É tudo em benefício da civilização. Na verdade, se é que já não sabem, eles poderiam ler grandes escritores estadunidenses, como Ralph Waldo Emerson ou Walt Whitman, que perguntavam o que um punhado de mexicanos ignorantes tem a ver com o futuro da raça humana? Você não precisa ler maníacos imperiais ensandecidos como Theodore Roosevelt. Você pode ler os comentaristas liberais, como Emerson e Whitman, que diziam, num tom mais modulado, praticamente a mesma coisa. Apologistas do Império Britânico diziam a mesma coisa: "Olhem para todas as coisas maravilhosas que estamos fazendo pela Índia depois de a termos destruído".

VIJAY: Sim, era isso que diziam. E quanto aos seus crimes, eles têm tentado ao máximo enterrar qualquer memória deles. Eu me lembro de ler a respeito de como o governo britânico escondeu 1,2 milhão de arquivos em Hanslope Park, em Londres, ligados ao papel da Grã-Bretanha no tráfico de escravizados, na Guerra dos Bôeres e no processo de descolonização. Milhares de arquivos sobre a sangrenta guerra britânica no Quênia na década de 1950 foram destruídos. Nas margens de um documento sobre o regime britânico de trabalho forçado no Quênia, um funcionário colonial escreveu: "Não deve de forma alguma ser publicado". Essa é a atitude geral. Ou para esconder os acontecimentos verdadeiros do passado e evitar que sejam ensinados ou para disfarçar a brutalidade, como se as linhas férreas e os portos tivessem melhorado as condições de vida das pessoas colonizadas. Em 2002, quando Bush fez a pergunta de "por que eles nos odeiam", você escreveu um excelente ensaio sobre esses temas. "Hoje em dia, os estadunidenses não se ajudam quando escolhem acreditar que 'eles nos odeiam' e 'odeiam nossas liberdades.' Ao contrário", você escreveu, "essas são pessoas que gostam de estadunidenses e admiram muitos aspectos do país, inclusive as liberdades. O que eles odeiam são políticas oficiais que lhes negam as liberdades a que eles também aspiram".* Em 1999, Samuel Huntington escreveu no periódico *Foreign Affairs*: "Embora os Estados Unidos denunciem com regularidade vários países como sendo 'estados indesejados', aos olhos de muitos países eles estão se tornando a superpotência indesejada' [...], a maior ameaça externa às suas sociedades".** Quem disse isso foi Huntington, o cientista político *mainstream* mais festejado de sua época. Isso foi em 1999, antes de George W. Bush articular sua estratégia de segurança nacional, em 2002, que sacramentava a doutrina da guerra preventiva. Em agosto de 2003 você descreveu os perigos dessa doutrina:

> A grande estratégia autoriza Washington a levar a cabo a 'guerra preventiva': *preventiva*, não de preempção. Quaisquer que fossem as justificativas para a guerra de preempção, elas não se sustentam para a guerra preventiva, particularmente como o conceito é interpretado por seus atuais entusiastas: o uso da força militar para eliminar uma ameaça inventada ou imaginada, de modo que mesmo o termo 'preventiva' é caridoso demais. Guerra preventiva é, muito simplesmente, 'o crime supremo' condenado em Nuremberg. (*Hegemony or Survival*, 2003)

Após o 11 de Setembro, o Talibã sugeriu que, se os Estados Unidos fornecessem um dossiê com provas de quem cometeu os crimes, ele consideraria entregar Bin Laden e a Al-Qaeda a um terceiro país, talvez o Paquistão. Isso daria ao Talibã a capacidade de dizer que, tecnicamente, não entregou essas pessoas aos Estados Unidos diretamente. Por que os Estados Unidos rejeitaram essa oferta? Por que os Estados Unidos rejeitaram o alerta de Abdul

---

* Noam Chomsky, "What Americans Have Learnt – and Not Learnt – Since 9/11", *The Age*, 7 de setembro de 2002.
** Samuel Huntington, "The Lonely Superpower", *Foreign Affairs*, março/abril de 1999.

Haq de que uma guerra mataria um número enorme de afegãos? Em outras palavras, os Estados Unidos agem meramente para exercer o poder ou há outros interesses em jogo?

NOAM: No caso do Iraque, foi um crime horrendo, uma guerra ilegal, como as Nações Unidas reconheceram em 2004. Mas pelo menos dá para pensar em um interesse estratégico. O Iraque é um dos grandes produtores de petróleo do mundo, petróleo muito barato, inclusive. Você não precisa perfurar grandes profundidades; você só enfia um cano no solo e eis que brota o tipo certo de petróleo. O Iraque fica bem no centro da maior região produtora de petróleo do mundo. Essa é uma razão muito boa para os Estados Unidos quererem controlá-lo e dominá-lo, como Hitler tentando invadir o Cáucaso para obter o controle de seus recursos petrolíferos. Isso é compreensível.

No caso do Afeganistão, não há nada. Os Estados Unidos não tinham nenhum interesse no Afeganistão. Nenhum interesse estratégico. Não havia nada a ganhar. Era apenas:

> Estamos zangados. Queremos mostrar nossa força, intimidar a todos, garantir que ninguém no mundo tenha quaisquer concepções equivocadas sobre a nossa capacidade de usar a força e a violência, e a nossa disposição de usá-las se vocês pisarem em nossos calos. É melhor que vocês, o mundo, entendam isso.

Isso era bem importante na época. Abdul Haq disse isso bem quando as bombas começaram a cair. O mundo se opôs à invasão do Afeganistão. Agora isso foi esquecido. Os Estados Unidos disseram: "Não nos importamos com o que vocês pensam. Nós temos o poder. Nós controlamos os meios de coerção. Nós fazemos o que queremos. Se estivermos zangados, mostraremos nossa força e intimidaremos todo mundo". Geralmente quando uma grande potência realiza uma operação militar, é devido a um interesse estratégico, mas às vezes não.

Faça o que for preciso para controlar o mundo. Os Estados Unidos são o Poderoso Chefão, que não aceita qualquer desacato exitoso, mesmo do menor país. Igual ao Poderoso Chefão: se um pequeno comerciante não paga por sua proteção, o Poderoso Chefão nem percebe o dinheiro que faltou, mas mesmo assim envia seus capangas para destruir a loja. Ele não quer que as pessoas comecem a ter ideias. É como a teoria do dominó: às vezes você não quer que o contágio se espalhe. É um princípio-chave das relações internacionais. Um dos exemplos mais horripilantes é a tortura estadunidense do Haiti, que vem se dando desde 1804; outra é a tortura de Cuba, que ocorre desde 1959. Devemos reconhecer que não há país no mundo que se aproxime dos Estados Unidos em termos de sua capacidade de infligir danos e violências brutais em todo o mundo. Um exemplo é o fato de que mais ninguém pode impor sanções. Quando os Estados Unidos impõem sanções, elas são sanções a terceiros que todos precisam honrar, não importa quanto as detestem. Ninguém no mundo sequer se aproxima desse tipo de poder e violência. Isso é o imperialismo.

Por que os Estados Unidos, há 60 anos, continuam insistindo em torturar os cubanos e tentar destruir uma pequena ilha caribenha que não representa qualquer ameaça militar? O presidente John F. Kennedy lançou uma guerra terrorista de grandes proporções contra Cuba, que preparou o palco para um confronto internacional – a Crise dos Mísseis, que quase levou à destruição global – e um bloqueio que já dura 60 anos. Quando a URSS entrou em colapso e Cuba parecia isolada, o presidente Bill Clinton flanqueou os Republicanos pela direita para intensificar o bloqueio e tentar esmagar a Revolução Cubana. Isso continua até hoje, com o mundo inteiro se opondo à política estadunidense. Se você consultar as votações mais recentes na ONU, 184 países dizem que os Estados Unidos deveriam acabar com o bloqueio, enquanto dois países – os Estados Unidos e Israel – dizem que ele deve continuar.

O mundo todo obedece às ordens estadunidenses; mas não todo, na verdade. A China não obedece.

Essa é a ameaça da China, na realidade. Veja bem, ela não segue as ordens dos Estados Unidos, se recusa a ser intimidada.

62 A RETIRADA

Essa é a grande ameaça da China. Cuba é a mesma coisa. Na realidade, uma das coisas boas dos Estados Unidos é que se trata de uma sociedade notoriamente aberta. Então nós, sim, temos acesso, num grau incomum, a documentos governamentais de planejamento. Não é perfeito, mas bastante coisa está disponível, comparativamente falando. Então nós sabemos o que os governos Kennedy e Johnson estavam pensando quando lançaram uma guerra terrorista de grandes proporções contra Cuba, incluindo o bloqueio. Por que fazê-lo? Por causa do "desafio exitoso" da política estadunidense por parte de Fidel Castro. O termo "desafio exitoso" foi usado na Estimativa Nacional de Inteligência feita pela CIA em março de 1960. Esse desafio exitoso tem um histórico de 150 anos, remontando à Doutrina Monroe de 1823, que declarou a intenção estadunidense de dominar o hemisfério. Os Estados Unidos não podiam fazê-lo na época porque a Grã-Bretanha era poderosa demais. Entre os grandes planejadores estadunidenses, John Quincy Adams (autor intelectual da noção de Destino Manifesto) argumentou perante seus colegas de gabinete na década de 1820 que embora não pudessem conquistar Cuba então, por causa do poder britânico, "com o tempo, o poder britânico declinará. Nosso poder aumentará. Especialmente após exterminarmos a população nativa e tomarmos posse do que se chama o território nacional". Com o tempo, disse Adams, "Cuba cairá em nossas mãos pelas leis da gravitação política, da mesma forma como uma maçã cai de uma árvore". Isso, de fato, aconteceu em 1898 quando do Cuba estava prestes a se libertar da Espanha, mas os Estados Unidos intervieram para evitar a libertação e forçaram Cuba a se tornar praticamente uma colônia estadunidense até 1959, quando Fidel Castro iniciou sua resistência às demandas estadunidenses que haviam começado 150 anos antes.

Os Estados Unidos não podem tolerar tais resistências, particularmente se exitosas. Quando Maurice Bishop, do New Jewel Movement, assumiu o controle de Granada e tentou fazer avançar uma pauta social-democrata, ainda que limitada, os Estados Unidos viram isso como uma resistência. O governo Carter cortou recursos e impôs restrições, criando assim as bases para a invasão levada a cabo pelo governo Reagan, na qual seis mil integrantes das Forças Especiais estadunidenses receberam oito mil medalhas de honra por superarem a resistência de 40 operários cubanos. Um triunfo imenso. A Granada não seria permitido rumar na direção de uma resistência exitosa. A Grã-Bretanha se opunha à medida estadunidense, mas aderiu a ela da mesma maneira que adere às sanções estadunidenses contra Cuba. Os países europeus até tomam coragem para votar contra os Estados Unidos na ONU, mas obedecem às sanções estadunidenses. É assim com o Irã, em cujo caso a maior parte dos estados europeus se opõem fortemente às sanções estadunidenses, mas obedecem-nas, pois não pisam nos calos do Poderoso Chefão. Se pisar, você será punido. A Europa tem suas reservas quanto aos Estados Unidos, mas não os desafiam. Ela poderia ser expulsa do sistema financeiro internacional, controlado por eles. Desafiar os Estados Unidos requer pelo menos um pouco de coragem e um pouco de independência. Seria demais esperar isso dos líderes europeus. Então eles dançam conforme a música, seguindo as ordens do Poderoso Chefão, mesmo quando se opõem a elas.

Existe um padrão bastante repulsivo. Israel realiza ataques periódicos, homicidas e destrutivos contra os palestinos, mais brutalmente em Gaza, com armas e apoio estadunidenses. Se acabam as armas, o que acontece com regularidade, os israelenses se voltam aos Estados Unidos para repor seus estoques, o que os Estados Unidos podem fazer simplesmente transferindo armas que estoca em Israel. Israel chama esses ataques, com polidez, de "aparar a grama". Em agosto de 2021, na Cisjordânia, que os Estados Unidos e os israelenses basicamente tomaram e de onde expulsaram os palestinos, o Exército israelense entrou num vilarejo remoto e destruiu um sistema de painéis solares que havia sido montado por uma organização humanitária italiana. O jornal israelense *Haaretz* afirmou em um editorial: "É preciso muito sadismo para deixar dezenas de pessoas, inclusive idosos e crianças, sem eletricidade no calor do verão no Vale do Rio Jordão".* É ilegal, afirmaram os soldados israelenses; destruam-no. Depois os europeus retornarão e provavelmente o reconstruirão. Mesma coisa: siga as ordens do Poderoso Chefão, talvez faça um pouquinho aqui e ali para reparar o dano, mas basicamente aceite o imperialismo mafioso.

Os ingleses fizeram os mesmo com a destruição e desindustrialização do país mais rico do mundo, a Índia. Foi um roubo massivo para enriquecer a Grã-Bretanha. Os britânicos realizaram a maior operação de narcotráfico do mundo para forçar a China, por meio do comércio de ópio, a se submeter a práticas comerciais britânicas e aceitar produtos britânicos que ela não queria. Quando os chineses disseram não, tornou-se obrigatório destruí-los com navios de guerra. O Palácio de Verão foi destruído, e o que quer que pudesse ser roubado foi roubado, incluindo Hong Kong. Isso é a violência imperial. Os Estados Unidos estão agindo da mesma maneira que a Grã-Bretanha, a França, a Alemanha e a Itália agiram em seus domínios menores, com grandes genocídios na África. As grandes potências sempre operaram assim.

VIJAY: Há um certo drama em torno de um busto de Winston Churchill que entra e sai da Sala Oval na Casa Branca. É notável que a classe dominante estadunidense tenha essa fantasia a respeito de Churchill. Quando jovem, Churchill foi à Índia lutar em "um monte de guerrinhas divertidas contra povos bárbaros". No Vale do Rio Swat, hoje no Paquistão, Churchill e suas tropas massacraram a resistência local com extrema violência. Quando refletiu sobre aquela guerra assassina, ele escreveu que suas tropas foram obrigadas a ser sanguinárias porque o povo do vale tinha uma "forte propensão aborígene a matar". Existe uma linha direta

---

* "Confiscating Solar Panels from Palestinians in August Is Abuse", *Haaretz*, 22 de agosto de 2021.

entre o Churchill de verdade e as pessoas que mantêm seu busto em suas escrivaninhas.

Em 1993, você escreveu um artigo na *Z Magazine* discutindo a ideia do "sistema do Pentágono". Dois conceitos desempenharam um papel nesta avaliação. Um deles era a ideia do complexo militar-industrial, termo associado ao discurso de despedida de Eisenhower. ("Eisenhower sabia disso muito bem", você me disse alguns anos atrás, "porque ele o havia fomentado por oito anos".) O outro era a ideia de keynesianismo militar. A competição entre diversos capitalistas leva à grande instabilidade na economia, com a pressão concorrencial resultando em desacelerações regulares nos negócios. Durante essas crises, os governos são convocados a aumentar os gastos para resgatar os capitalistas abandonados – esta é a arquitetura básica do keynesianismo. Nos Estados Unidos, o medo mortal do socialismo levou à destinação dos fundos de salvamento do keynesianismo para as Forças Armadas em vez de para o setor social. Isso é o keynesianismo militar.

NOAM: Em 1993 eu me preocupava exatamente com essa situação. Como todas as sociedades avançadas, os Estados Unidos têm contado com a intervenção estatal na economia desde suas origens, embora esse fato geralmente seja negado por razões ideológicas. Durante o período pós-Segunda Guerra Mundial, tal "política industrial" foi disfarçada pelo sistema do Pentágono, incluindo o Departamento de Energia (que produz armas nucleares) e a Nasa, convertida pelo governo Kennedy em uma fonte expressiva de subsídios públicos direcionados pelo Estado a indústrias de ponta. Já ao final da década de 1940, era presumido em círculos governamentais e empresariais que o Estado precisaria intervir massivamente para manter de pé o setor privado da economia. Em 1948, com a demanda reprimida do pós-guerra já exaurida e a economia deslizando de volta para a recessão, os "gastos da Guerra Fria" de Truman eram considerados pela imprensa de negócios como uma "fórmula mágica para bons tempos quase infindáveis" [*steel*], uma forma de "manter um tom de crescimento em geral" (*Business Week*). A revista *Magazine of Wall Street* via os gastos militares como uma maneira de "injetar uma nova força na economia como um todo" e, alguns anos mais tarde, considerava "óbvio que economias estrangeiras, bem como a nossa, são agora principalmente dependentes do escopo dos continuados gastos em armas neste país". Ela se referia ao keynesianismo militar internacional que finalmente tivera êxito em reconstruir sociedades industriais capitalistas de Estado no exterior, e preparado o terreno para a enorme expansão das corporações transnacionais, na época sediadas principalmente nos Estados Unidos.

O sistema do Pentágono foi considerado ideal para esses propósitos. Ele impõe ao público um grande fardo em termos de custos (pesquisa e desenvolvimento – P&D) e fornece um mercado garantido para a produção em excesso, uma garantia muito útil para decisões empresariais. Ademais, essa forma de política industrial não tem o efeito colateral indesejável dos gastos sociais direcionados às necessidades humanas. Além de efeitos redistributivos nada bem-vindos, tais políticas tendem a interferir com as prerrogativas empresariais. A produção útil poderia minar o ganho privado, enquanto a produção desperdiçadora subsidiada pelo Estado (armas, extravagâncias como levar o homem à lua etc.) é um presente para proprietários e gerentes, que, ademais, obterão controle de quaisquer produtos derivados comerciáveis. Além disso, gastos sociais podem aumentar o interesse público e a participação, assim ampliando a ameaça da democracia. O público se importa com os hospitais, as estradas, seus bairros e assim por diante, mas não tem opinião sobre a escolha de mísseis e aviões de caça de alta tecnologia. Os defeitos dos gastos sociais não manchavam a alternativa do keynesianismo militar, que tinha a vantagem adicional de ser bem adaptado às necessidades da indústria de ponta: computadores e eletrônica em geral, aviação e uma ampla gama de tecnologias e empreendimentos relacionados. É claro que o sistema do Pentágono também servia a outros propósitos. Como polícia global, os Estados Unidos precisam de forças de intervenção, e de uma postura intimidadora para facilitar seu uso. Mas seu papel econômico sempre foi central, fato bem conhecido dos planejadores militares. O general-chefe de Planejamento do Exército, James Gavin, encarregado de P&D do Exército sob Eisenhower, observou que "o que aparenta ser intensa rivalidade entre as Forças Armadas na maior parte dos casos [...] é fundamentalmente rivalidade industrial". Também foi reconhecido desde logo que esses objetivos requerem "sacrifício e disciplina" por parte do público em geral (National Security Council, *Policy Paper 68*). Portanto, como instado pelo Secretário de Estado Dean Acheson, era necessário "cacetear a mente de massas" do Congresso e de funcionários recalcitrantes com a ameaça comunista de uma maneira "mais clara que a verdade" e, na interpretação do recado dada pelo senador Arthur Vandenberg, "encher de medo o povo americano". Cumprir essas tarefas tem sido uma responsabilidade primordial dos intelectuais ao longo desses anos.

VIJAY: O Instituto Internacional de Pesquisa para a Paz de Estocolmo (Sipri, na sigla em inglês) mantém registros detalhados de gastos militares com base no que os governos declaram em seus orçamentos. Em 2021, o relatório do Sipri estimou que em 2020 os Estados Unidos gastaram US$778 bilhões nas suas Forças Amadas, um aumento de 4,4% em relação a 2019. Com base no que você acaba de dizer, essa não é uma contabilidade precisa do gasto militar total, já que não inclui as quantias inseridas em outros orçamentos (Departamento de Energia, Nasa e vários órgãos de inteligência). Não obstante, mesmo sem incluir essas quantias adicionais no total, os Estados Unidos foram responsáveis por 39% de todo o gasto militar do mundo em 2020. Ou seja, os Estados Unidos, com 4,25% da população mundial, são responsáveis por quase 40% do gasto militar mundial. Os Estados Unidos podem destruir qualquer país do mundo. E, no

68 A RETIRADA

entanto, parecem ser derrotados consistentemente pelos exércitos camponeses do mundo (Vietnã, Afeganistão).

Nenhum desses fatos – e são fatos reproduzidos em publicações respeitáveis – serve de marco para matérias nos grandes jornais, canais de televisão e publicações na internet. Esse foi o tema de seu livro clássico, escrito com Edward Herman, sobre o sufocamento da indústria das notícias – *A manipulação do público: política e poder econômico no uso da mídia* (1988) – e o livro anterior que vocês escreveram juntos, *Counter-Revolutionary Violence: Bloodbaths in Fact and Propaganda* [Violência contrarrevolucionária: banhos de sangue de verdade e propaganda] (1973). A história do primeiro, pouco conhecida atualmente, é que, após ele ser divulgado pela Warner Modular Publications, o chefe da divisão de livros da Warner Publishing tentou suprimi-lo, depois simplesmente mandou a firma destruir todos os exemplares do livro ainda em estoque, e ainda fez a editora inteira falir como punição por tentar distribuí-lo. O que irritou a Warner Publishing foi que o livro havia dissecado cuidadosamente os registros públicos sobre o terror causado pela ação estadunidense no Vietnã, na Indonésia, em Bangladesh e outros países. Segundo o chefe da Warner, tratava-se de "um ataque difamatório a americanos respeitados".

No prefácio, Richard Falk sugere que o termo *máfia* – que você havia usado – é "característico de operações governamentais". As ações do governo estadunidense em lugares como Vietnã e Tailândia são como as ações da máfia, você sustenta. Mas o que torna isto difícil de ser estabelecido no discurso popular é o bloqueio fornecido pelos meios de comunicação de massa, que operam cada vez mais como um Ministério da Propaganda e não como operações noticiosas normais. Relatos de massacres entram no ciclo da mídia, mas rotineiramente são massacres cometidos pelos inimigos dos Estados Unidos, e não massacres cometidos por agentes do país. É sempre o inimigo dos Estados Unidos que, diz-se, perpetrou um massacre, mas nunca os Estados Unidos ou seus aliados próximos. É fundamental para a propaganda estadunidense garantir que os Estados Unidos sejam vistos como benevolentes. Vamos conferir um trecho do seu livro de 1973 com Edward Herman (aquele praticamente proscrito):

> Os banhos de sangue divulgados e condenados com regularidade, cujas vítimas são merecedoras de séria preocupação, quando examinados mais de perto, frequentemente acabam se revelando fictícios, inteira ou parcialmente. Esses banhos de sangue míticos ou semimíticos têm servido a uma função de relações públicas extremamente importante, ao mobilizar apoio para intervenções militares estadunidenses em outros países. Isso é particularmente verdadeiro no caso do Vietnã. A opinião pública tem tendido a ser negativa, e os belicistas têm sido obrigados a se esforçar ao extremo para manter o povo estadunidense na linha. O recurso repetido à falsificação aponta para o papel propagandístico que o 'banho de sangue' tem desempenhado na atenção dedicada por Washington ao assunto. A evidência da criação de mitos também torna óbvio o fato de que histórias que emanam desta fonte, sejam elas produzidas pelos militares, por órgãos de inteligência ou por 'estudiosos' afiliados ao Estado, devem ser avaliadas pelos padrões e métodos normalmente empregados ao avaliar a produção de qualquer Ministério da Propaganda.

O programa de drones é impopular e aparentemente ineficiente. Isso se aplica às sanções e ao bloqueio a Cuba. No entanto, apesar da oposição de um tipo ou de outro, o ânimo público nos Estados Unidos parece ser de que políticas desse tipo devem continuar.

NOAM: Primeiramente, a oposição avassaladora ao programa de drones é internacional. Não vi a questão ser abordada em pesquisas de opinião, mas suspeito que se você perguntasse às pessoas nos Estados Unidos "tudo bem ter" – eles nunca usariam a palavra "bloqueio" – "sanções contra Cuba", provavelmente a resposta seria "sim".

Você pode ler artigos de opinião no *The New York Times*. Um, de agosto de 2021 era de autoria de dois especialistas sobre

Cuba.* Eles afirmavam, em essência, que "toda essa falação sobre sanções, bloqueio, é bobagem. Os Estados Unidos oferecem ajuda humanitária a Cuba, oferecem ajuda na forma de alimentos", e assim por diante. Eles até cometeram o erro de dar uma referência, um *hyperlink*. Bem, eu me dei ao trabalho de consultar a referência. Era uma publicação do governo estadunidense que dizia o contrário do que os autores alegavam. Dizia: "os Estados Unidos não permitem ajuda humanitária a Cuba". Eu presumia que o *The New York Times* verificasse a veracidade de artigos desse tipo, consultasse esse tipo de referência, percebesse que diz o oposto etc. Obviamente, estava errado. Eles não o fazem. Isso é bem normal, devo dizer. Há coisas que você nem olha porque são obviamente verdadeiras ou falsas. Esse tipo de coisa acontece também em periódicos supostamente de esquerda. Por exemplo, a *The New York Review of Books* é um periódico crítico, onde se encontram artigos críticos sobre políticas estadunidenses. Nele, você tinha Russell Baker, um bom crítico, honesto, de esquerda, resenhando uma coletânea de ensaios de Edmund Morgan sobre história dos Estados Unidos.** Baker ficou pasmo com o que leu, ou seja, que quando os colonialistas vieram para o Hemisfério Ocidental, não havia quase ninguém aqui. Dos trópicos escaldantes ao Norte congelado, havia cerca de um milhão de pessoas desgarradas por aí. Ele errou por uma margem de mais ou menos 80 milhões. E elas não estavam desgarradas por aí, elas tinham civilizações avançadas. Isso na *The New York Review of Books*. Ao longo dos meses seguintes, eu fiquei de olho para ver se haveria alguma carta a respeito, mas não, nada. Devem ter ouvido alguma objeção, porque cerca de quatro meses depois houve uma pequena correção. Disseram que houve um erro nos números. Citaram er-

---

* Armando Chaguaceda e Coco Fusco, "Cubans Want Much More than an End to the U.S. Embargo", *New York Times*, 7 de agosto de 2021.

** Russell Baker, "A Heroic Historian on Heroes", *New York Review of Books*, 11 de junho de 2009.

roneamente o que o autor dissera, pois se referia apenas à América do Norte, e que não era um milhão, e sim 18 milhões. Está bem. Ligeira melhora. Mas quase nada. Quer dizer, é nada.

Dois anos após o fim da Guerra do Vietnã, um grupo de pesquisa sobre meios de comunicação na Universidade de Massachusetts-Amherst (UMASS) fez um estudo de atitudes de estudantes da UMASS. Estamos falando de UMASS-Amherst, uma universidade avançada, com os melhores alunos. Uma das perguntas feitas aos estudantes foi uma estimativa do número de vietnamitas mortos na guerra. A estimativa média foi 100 mil. A cifra oficial é 2 milhões. O número real provavelmente é 4 milhões. A estimativa deles foi 100 mil. Vamos supor que você fizesse uma pesquisa de opinião na Alemanha, entre jovens das instituições educacionais avançadas, e perguntasse sobre o número de mortos no Holocausto, que resultado você obteria? Digamos que eles dissessem 200 mil. Nós pensaríamos que há um problema na Alemanha. Nós pensamos que há um problema nos Estados Unidos? Não pode ser. Os Estados Unidos não têm problemas. Como nas nossas guerras. Por exemplo, de novo, a invasão do Iraque. Você consegue encontrar alguém nos altos escalões, entre os principais comentaristas na mídia, que diz que a invasão foi um crime? O que talvez digam é que foi uma mancada. Obama é elogiado por ter dito que foi uma "mancada estratégica". Ele ecoou os generais nazistas que disseram que invadir a URSS foi uma "mancada estratégica", já que achavam que deveriam ter derrotado a Grã-Bretanha primeiro. Nós os elogiamos como grandes líderes morais? Não exatamente.

Existe, na ideologia estadunidense, um conceito chamado "excepcionalismo americano". Ele diz que os Estados Unidos são um país único em sua benevolência. Há duas coisas erradas com essa ideia. A primeira é o registro histórico real, que é repleto de violência e selvageria. A outra é essa ideia de que o excepcionalismo é apenas estadunidense. Todos os centros imperiais anteriores – da Grã-Bretanha à França e à Holanda – tinham essa combinação de atos de violência e uma autoimagem de benevolência.

VIJAY: Num programa de televisão em 2010, perguntaram o que você achava do conceito de excepcionalismo estadunidense. Sua resposta foi muito clara, gostaria de recordá-la.

NOAM: Bem, em primeiro lugar, não é que eu não seja fã do excepcionalismo estadunidense. Seria como dizer que eu não sou fã da lua ser feita de queijo suíço. Ele não existe. É típico que Estados poderosos se consideram excepcionalmente magníficos, e os Estados Unidos não são exceção à regra. A base para a sua existência não é muito, digamos de forma bastante educada, substancial. Os problemas com a política externa estadunidense estão enraizados na sua natureza essencial, que nós conhecemos. Ou nós podemos conhecer, se quisermos. Voltemos, digamos, à Segunda Guerra Mundial. Foi o momento em que os Estados Unidos se tornaram uma potência global. Antes disso, eles tinham conquistado o território nacional, praticamente exterminado a população, conquistado metade do México, praticamente assumido controle do Hemisfério Ocidental, invadido as Filipinas, matado umas 200 mil pessoas. Mas as verdadeiras potências globais na época eram a Grã-Bretanha e outras. Os Estados Unidos ainda não eram uma potência global. Mas se tornaram uma após a Segunda Guerra Mundial. E os planejadores se reuniram e cuidadosamente formularam planos – perfeitamente públicos – de como administrariam o mundo pós-guerra. A ideia básica era de que deveria haver o que chamaram de uma Grande Área, que ficaria sob completo controle estadunidense e dentro da qual os Estados Unidos não tolerariam qualquer expressão de soberania que interferisse em seus desígnios globais. Ninguém que competisse com os Estados Unidos seria tolerado, é claro, e a área era bem extensa. Ela incluía o Hemisfério Ocidental, o Leste da Ásia, o ex-Império Britânico, sobre o qual os Estados Unidos assumiriam o controle – incluindo, crucialmente, as reservas energéticas do Oriente Médio, que são as principais do mundo. E os planejadores de alto escalão indicavam que se nós pudéssemos controlar o petróleo do Oriente Médio, nós poderíamos controlar o mundo. E aí, é claro, incluía o quanto fosse possível da Eurásia, ao menos seu centro comercial e industrial, ou seja, a Europa Ocidental. Essa era a Grande Área. E dentro dessa Grande Área, os Estados Unidos dominariam e limitariam o exercício da soberania. Bem, em grande medida essa política foi implementada nos anos seguintes. Obviamente, ela era ambiciosa demais, o sistema de poder se erodiu, houve a descolonização, que enfraqueceu a autoridade, outras potências industriais se refizeram da guerra. Por volta de 1970, o mundo era basicamente tripolar economicamente. As principais potências econômicas eram uma América do Norte baseada nos Estados Unidos, uma Europa basicamente baseada na Alemanha e, na época, uma Ásia baseada no Japão. E desde então ele se fragmentou ainda mais. Não obstante, essa política, na essência, se mantém, e é por isso que nós temos cerca de 800 bases militares ao redor do mundo – ninguém mais tem. É por isso que nós gastamos com as Forças Armadas mais ou menos o mesmo que todo o resto do mundo combinado e somos tecnologicamente muito mais avançados em termos de meios de destruição na mesa de planejamento, o que nos permitiria ir além de qualquer coisa que qualquer pessoa tenha sonhado. E é por isso que gastamos basicamente 2 trilhões de dólares invadindo países do Oriente Médio e da Ásia Central e seguimos ocupando-os, de novo e de novo e de novo. Esses são problemas muito sérios.

VIJAY: Isso resume muito bem a natureza do imperialismo estadunidense. Uma razão pela qual talvez haja essa falta de conhecimento sobre a dinâmica imperialista da política estadunidense é a distância entre o mundo cultural dos Estados Unidos e os mundos onde as guerras estadunidenses ocorrem. Na *The New York Review of Books*, em seu artigo de 1975 sobre a retirada estadunidense, você escreveu: "O governo estadunidense foi derrotado na Indochina, mas em casa só ficou com um hematoma". Eu achei evocativa esta frase: "em casa só ficou com um hematoma". O governo estadunidense se retirou do Afeganistão em 15 de agosto

74 A RETIRADA

de 2021, mas não aparenta sequer estar com um hematoma em casa. Parece que não houve qualquer impacto.

NOAM: Bem, na Indochina, 70 mil soldados estadunidenses foram mortos e houve um movimento de protesto enorme no finalzinho da guerra. Muito diferente do Afeganistão, porque, para o povo dos Estados Unidos, o Afeganistão era uma guerra fácil. Quem lutou foi um Exército profissional, frequentemente composto por Forças Especiais, não por recrutas. As baixas estadunidenses foram graves, mas não tão sérias quanto na Indochina. A guerra foi um espetáculo relativamente secundário. Os Estados Unidos basicamente não tinham qualquer interesse nela. Não conseguiam encontrar um jeito fácil de sair, mas não tinham qualquer interesse estratégico. Embora os colunistas dissessem que era uma derrota enorme, que o Século Americano chegara ao fim e tal, a maior parte das pessoas nos Estados Unidos deu de ombros. Basicamente não teve efeito sobre o poder estadunidense. Foi uma dessas raras guerras de agressão que não tinha propósito geoestratégico e na qual as tropas foram retiradas para ser transferidas para outro lugar. Mal e mal com hematomas em casa, com algumas reputações prejudicadas.

VIJAY: Se os Estados Unidos tivessem sido capazes de ocupar o Afeganistão e convertê-lo num Estado-cliente, há três vantagens de que poderiam ter desfrutado. Primeiro, em 2010, um relatório militar estadunidense estimou que havia no Afeganistão jazidas de metais preciosos no valor de no mínimo 1 trilhão de dólares. No mesmo ano, o ministro da Mineração do Afeganistão, Wahidullah Shahrani, disse que a cifra real poderia ser o triplo disso. Não há necessidade de colonizar diretamente um país para explorar suas riquezas, como se vê em outras partes do mundo, mas ainda assim é importante pôr o tema na mesa. Segundo, se os Estados Unidos tivessem conseguido controlar o Afeganistão, isso poderia ter evitado o desenvolvimento pleno da Iniciativa

Cinturão e Rota liderada pelos chineses, que almeja realizar obras de infraestrutura por toda a Ásia Central, incluindo o Afeganistão. Hillary Clinton queria usar os Estados Unidos para construir a Nova Rota da Seda – como ela descreveu num discurso em Chennai, Índia, em 2011 –, que se estenderia da Índia aos Estados da Ásia Central, de modo a solapar tanto o desenvolvimento do comércio chinês leste-oeste quanto os vínculos históricos da Rússia com os Estados da Ásia Central. Terceiro, o acesso a bases militares num Afeganistão clientelista poderia ter oferecido aos Estados Unidos a oportunidade de criar encrenca tanto na Região Autônoma Uygur, de Xinjiang, na China, quanto nas províncias orientais do Irã. É verdade que a retirada não teve efeito sobre o poder estadunidense, mas se os Estados Unidos tivessem sido capazes de criar um Estado-cliente, isso poderia ter reforçado o poder estadunidense na Ásia, particularmente para sua disputa acirrada contra a China e a Rússia.

Iraque

VIJAY: No início de dezembro de 2021, apenas algumas semanas após os Estados Unidos serem obrigados a se retirar do Afeganistão, as Forças Armadas estadunidenses anunciaram que alterariam seu perfil no Iraque. Elas não estavam mais em uma missão de combate naquele país, agora meramente "aconselhariam, assistiriam e capacitariam" as forças iraquianas em sua luta contra o Estado Islâmico (Isis). Os Estados Unidos mudaram seu quartel general logístico da província de Ambar, no Iraque, para o Kuwait. Mas esta retirada foi apenas mais um marco na longa saída do Iraque, que havia começado em 2007. Naquele ano, o governo estadunidense não conseguiu obter do parlamento iraquiano um novo Acordo de Estatuto de Forças, o que teria oferecido às tropas estadunidenses proteção extraterritorial enquanto servissem no Iraque, entre outras coisas. Em outras palavras, as tropas estadunidenses não queriam operar sob a autoridade da lei iraquiana ou dos legisladores iraquianos, que insistiam em exercer soberania sobre seu país. Nada disso se aplica à parte norte do Iraque, as regiões autônomas curdas, que os Estados Unidos extraíram do Iraque em 1991. A razão determinante pela qual os Estados Unidos tiveram que efetuar essa progressiva retirada do Iraque em 2007 e de novo em 2021 é que os vários governos iraquianos – do governo de 2005 de Ibrahim al-Jaafari (Partido Dawa Islâmico) ao atual parlamento dominado por Muqtada al-Sadr – não tolerariam uma presença militar estadunidense permanente no Iraque. Apesar das tensões normais entre Irã e Iraque, há pouco desacordo quanto ao fato de o Irã – e não os Estados Unidos – ter se beneficiado da remoção de seu adversário, Saddam Hussein. Num período de dois anos, entre 2001 e 2003, os Estados Unidos usaram seu poder militar para derrubar dois dos grandes adversários do Irã, o Talibã no Afeganistão e Saddam Hussein no Iraque. Essas guerras deram ao Irã uma grande vantagem estratégica. Essa possibilidade não foi discutida pelos rapazes dos bastidores em Washington?

NOAM: Os bastidores não eram necessários. Era um tema público. O movimento neoconservador – Projeto por um Novo Século Americano [PNAC, na sigla em inglês], com Donald Rumsfeld e Paul Wolfowitz – tinha um plano, que era público, de usar o poder dos EUA para expandir seu controle sobre a região. Eu acho que o 11 de Setembro foi um pretexto bem-vindo por eles. Logo após o 11 de Setembro, as anotações de Rumsfeld mostram que esses homens achavam que tinham a chance de fazer uma série de coisas.

VIJAY: Na tarde de 11 de Setembro de 2001, Rumsfeld juntou sua equipe e expôs seus pensamentos, que foram anotados por Stephen Cambone, um de seus assessores. As anotações de Cambone refletem o pensamento dos homens do PNAC e dos neoconservadores no governo Bush:

> Difícil conseguir bom argumento. Necessário agir rápido. Necessidade de alvo no curto prazo – entrar massivamente – varrer tudo, coisas relacionadas ou não. Melhor informação rápido. Julgar se basta atacar SH [Saddam Hussein] ao mesmo tempo – não só OBL [Osama Bin Laden]. Dá a Jim Haynes [advogado do Pentágono] tarefa de falar com PW [Paul Wolfowitz] para ter apoio adicional conexão com UBL.

O desejo de atacar Saddam Hussein estava lá nas anotações de Cambone sobre os comentários de Rumsfeld às 14h40, não mais que horas após o Pentágono ser atingido às 9h37. Provas eram desnecessárias. Era evidente que havia um grande desejo de atacar o Iraque.

O PNAC tem uma história interessante. A expressão "Século Americano" vem do dono da revista *Life*, Henry Luce, que queria indicar na década de 1940 que os Estados Unidos seriam a principal potência por pelo menos o século vindouro. A derrota no Vietnã criou o que era conhecido como "Síndrome do Vietnã", a sensação de que os Estados Unidos não queriam mais arcar com a terrível responsabilidade de ser a principal potência do mundo. Esses neoconservadores queriam muito superar o que eles consideravam a desorientação da era pós-Vietnã. Um elenco de influentes intelectuais e analistas políticos de Washington que entraram e saíram de vários governos faziam parte do Time B, um grupo criado no Departamento da Defesa estadunidense em 1990 durante o governo de George H. W. Bush. Dick Cheney liderava o grupo, ansioso para evitar que o colapso da URSS causasse um "dividendo da paz". Sua Orientação de Planejamento de Defesa de 1992 observava:

> Nosso primeiro objetivo é evitar o ressurgimento de um novo rival, seja no território da ex-União Soviética seja em outro lugar, que represente uma ameaça na ordem do que representa a União Soviética. Essa é a consideração dominante e requer que nos empenhemos para evitar que qualquer potência hostil domine a região cujos recursos poderiam, sob um controle consolidado, ser suficientes para gerar poder global. Nossa estratégia agora precisa se focar novamente em impedir o surgimento de qualquer potencial futuro concorrente global.

Durante os anos Clinton, esse grupo de neoconservadores criou o PNAC. Seu relatório *Rebuilding America's Defenses*, de 2000, argumentava que se "a Pax Americana for para ser mantida e expandida", então ela "precisa ter um fundamento seguro na preeminência militar estadunidense inquestionável". Antes do 11 de Setembro, George W. Bush começou a expansão massiva da capacidade militar estadunidense, que foi ampliada depois do 11 de Setembro. Sua Estratégia de Segurança Nacional de 2002 parece muito com um manual do PNAC, em grande medida

80 A RETIRADA

porque foi escrito por esses homens. Eis uma frase familiar, por exemplo: "Nossas forças devem ser fortes o suficiente para dissuadir potenciais adversários de buscar um acúmulo militar na esperança de superar ou igualar o poder dos Estados Unidos".

As anotações crípticas de Cambone sobre as afirmações de Rumsfeld são indicativas desse tipo de pensamento: "entrar massivamente, varrer tudo, coisas relacionadas ou não". O Iraque esteve na mira desde o começo.

NOAM: Para realmente entender o Iraque, é preciso voltar a 1979. Esse foi o ano em que as políticas estadunidenses com respeito ao Iraque mudaram bruscamente no sentido de um forte apoio a Saddam Hussein, o que tinha a ver principalmente com o Irã. Assim que a Revolução Iraniana ocorreu em 1979 e a República Islâmica se consolidou, o governo Carter ordenou que o General Robert Huyser incitasse um levante militar para derrubar o novo governo e restaurar ao poder o xá do Irã ou algum outro ditador, mas não deu certo. Zbigniew Brzezinski, assessor para Segurança Nacional de Carter, falava abertamente sobre isso, assim como o último embaixador *de facto* de Israel em Teerá, Uri Lubrani, que era ainda mais extremo, dizendo: "se você se dispusesse a matar dez mil pessoas nas ruas, você poderia restaurar o xá ao poder".

Após o Iraque invadir o Irã em 1980, os Estados Unidos imediatamente passaram a apoiar o Iraque fortemente. Há uma famosa foto de Donald Rumsfeld apertando a mão de Saddam Hussein, fazendo acordos para enviar armas para tentar apoiar a invasão não provocada do Irã pelo Iraque, que foi uma invasão brutal, homicida, que resultou na morte de centenas de milhares de iranianos. O Exército iraquiano usou armas químicas contra os iranianos e contra os curdos iraquianos; até contra os próprios iraquianos. As armas vieram do Ocidente. O próprio Ronald Reagan negou que isso tivesse acontecido. Eles puseram a culpa no Irã, embora o Irã não tenha cometido nenhuma dessas atrocidades. Reagan interveio para bloquear qualquer declaração do

Congresso que se opusesse ao uso de armas químicas contra os curdos. Mais tarde, isso foi mencionado como uma razão para derrubar Saddam Hussein. Mas, de fato, o caso de amor entre os Estados Unidos e Saddam era tão extremo que Saddam ganhou um presente que nenhum outro país além de Israel poderia receber: permissão para atacar um navio de guerra estadunidense e não enfrentar retaliação.

VIJAY: Você está se referindo a dois episódios que simplesmente não fazem parte do conhecimento comum de pessoas, até mesmo das mais bem informadas. O Exército iraquiano atirou num navio de guerra estadunidense? O Exército israelense assim também o fez, e não houve retaliação? Como é possível que esses incidentes sejam tão pouco conhecidos? Em 8 de junho de 1967, caças e torpedeiros israelenses atiraram no navio USS *Liberty*, que estava em águas internacionais, durante a Guerra dos Seis Dias. O ataque matou 34 tripulantes. Israel pediu desculpas, e ficou por isso mesmo. Vinte anos depois, em 17 de maio de 1987, jatos iraquianos atiraram dois mísseis Exocet no navio USS *Stark*, matando 37 tripulantes, com nada mais que um pedido de desculpas na sequência. Israel pagou indenizações modestas pelas vidas perdidas (US$6,89 milhões em 1968-1969), ou seja, US$1,4 milhão por pessoa em valores de 2020. As famílias das vítimas do 11 de Setembro receberão US$3,1 milhões por pessoa em valores de 2020 das reservas externas afegãs confiscadas. O Iraque somente pagou indenizações em 2011 quando o governo imposto pelos Estados Unidos aceitou desembolsar US$400 milhões pelo ataque de 1987 ao USS *Stark* e por prisioneiros de guerra e outros assuntos nos anos seguintes. O Afeganistão e o Iraque pós-invasão estadunidense tiveram que pagar por esses ataques muito mais que Israel precisou, algo a ser lembrado nessa discussão. Mas, é claro, esses dois navios estadunidenses eram militares. Os Estados Unidos já atiraram – como você mesmo mencionou diversas vezes, Noam – em embarcações civis, incluindo uma aeronave iraniana.

82 A RETIRADA

NOAM: É verdade. Os Estados Unidos intervieram diretamente na guerra que o Iraque conduziu contra o Irã. Em 3 de julho de 1988, o navio USS *Vincennes* atirou mísseis guiados contra o voo 655 da Iran Air, de Teerã para Dubai, num corredor aéreo comercial claramente identificado, matando todos os 290 civis a bordo. O navio estadunidense voltou ao seu porto em Norfolk, Virginia, onde foi recebido com festa. Will Rogers, capitão da embarcação, recebeu uma medalha de George H. W. Bush. Foi nesse contexto que Bush disse que os estadunidenses nunca pedem desculpas por nada que fazem. Quer derrubar um avião comercial, tudo bem. Nós te damos uma Medalha de Honra. O Irã percebeu que não daria para lutar contra os Estados Unidos, e aceitou um acordo, uma capitulação. Foi provavelmente nessa época que o Irã iniciou um pequeno programa de armas nucleares, possivelmente para contrabalançar a tentativa estadunidense de criar um programa de armas nucleares no Iraque. George Bush convidou engenheiros nucleares iraquianos aos Estados Unidos para receber treinamento avançado na produção de armas nucleares dentro desse contexto, o que era uma séria ameaça para o Irã.

Em abril de 1990, Bush enviou uma delegação ao Iraque para transmitir seus melhores votos a Saddam. Ela era liderada pelo senador Republicano – e líder da maioria no Senado – Bob Dole. Seus integrantes elogiaram Saddam por seus grandes feitos e disseram que ele deveria desconsiderar todos os comentários críticos a seu respeito na imprensa estadunidense. O Senador Alan Simpson, do Wyoming, disse a Saddam que seu problema não era o governo dos Estados Unidos, e sim a imprensa do país. "Nós temos essa loucura de Primeira Emenda, então o governo não pode fechar pra valer a imprensa, mas o melhor é ignorá-la". Dole disse que o único comentarista da *Voice of America* que havia criticado Saddam fora removido. Disseram a Saddam que estavam fazendo o possível para pôr um fim às críticas injustas ao amigo de Bush. Apesar da oposição do Departamento do Tesouro estadunidense, grandes remessas de material agrícola seriam enviadas. Tratava-se de material para a reabilitação da agricultura em áreas destroçadas pelo uso feito por Saddam de armas químicas ocidentais contra os curdos.

Poucos meses mais tarde, Saddam cometeu um erro. Desobedecendo a ordens, ele invadiu o Kuwait, aparentemente achando que tinha sinal verde. A embaixadora estadunidense no Iraque, April Glaspie, havia feito uma fala ambígua, que Saddam pensou ser um sinal verde para a invasão. Ele rapidamente descobriu que havia cometido um erro e ofereceu se retirar. Os Estados Unidos não estavam dispostos a aceitar a retirada, queriam a guerra desesperadamente. Saddam fez sucessivas propostas para algum tipo de acordo político ao longo dos nove meses que se seguiram. Os Estados Unidos nem sequer responderam. Houve vazamentos do Departamento de Estado, mas a imprensa se recusou a noticiá-los. Um jornal, sim, noticiou-os; um tabloide em Long Island. As fontes dos vazamentos ficavam mandando informações picadas para um jornal suburbano de Long Island, ao mesmo tempo que o *The New York Times* se recusava a dar a matéria. Mais tarde, Thomas Friedman mencionaria o fato *en passant*, dizendo algo como "há uns rumores sobre as propostas de Saddam, mas o Departamento de Estado questiona isso". E assim ficou até os dias da invasão estadunidense, que poderia ter sido evitada facilmente e que era profundamente impopular. Houve todo tipo de histórias fantasiosas sobre bebês sendo arrancados de incubadoras e ameaças de Saddam de invadir a Arábia Saudita, todas desmascaradas mais tarde. Mas foram úteis para incitar a população estadunidense. Os Estados Unidos eram praticamente o único país onde havia qualquer nível de apoio ao bombardeio do Iraque.

VIJAY: As tropas de Saddam Hussein entraram no Kuwait em 2 de agosto de 1990. Dez dias depois, em 12 de agosto, e novamente em 23 de agosto, Saddam Hussein ofereceu de se retirar do Kuwait. Dez dias depois de ocupar o Kuwait, Saddam disse pela rádio iraquiana que sairia do Kuwait se os israelenses saíssem das "terras árabes ocupadas". Como isso simplesmente não ia acontecer, a oferta da retirada era meramente retórica. Você não está se referindo a essa primeira oferta. Você está se referindo à oferta de 23 de agosto, quando os iraquianos enviaram uma diligência diplomática secreta à Casa Branca. Isso é o que foi noticiado em Long Island pelo jornal *Newsday.* O que Saddam queria era "controle único" do campo petrolífero de Rumaila, onde os iraquianos acusavam o Kuwait da perfurar lateralmente, bem como "acesso garantido" ao Golfo Pérsico. Isso não era nem aceito, nem noticiado, afora o *Newsday*. À medida que os meses se passaram, as reivindicações de Saddam se enfraqueceram. Chegado janeiro de 1991, ele queria quase nada. Ele ficaria satisfeito de retirar suas tropas com alguma dignidade. Desta vez, o *The New York Times* deu uma matéria na página 8, impulsionada pelo fato de que Yasser Arafat, da Organização pela Libertação da Palestina, havia levado uma mensagem para os Estados Unidos visando a uma redução nas tensões.** Esse artigo mencionava as ofertas anteriores de Saddam e admitia que os iraquianos estavam dispostos a se retirar em troca de quase nada: "Funcionários do governo iraquiano têm insinuado que o Sr. Hussein estaria disposto a se retirar do Kuwait após conquistar alguma afirmação do governo de que pretende dar maior prioridade à questão palestina". Mesmo isso era inaceitável. Como você disse, os Estados Unidos queriam a guerra. Aquilo que na prática era a rendição de Saddam Hussein não apenas foi mal noticiada na época, mas também é quase universalmente esquecida hoje em dia. A narrativa geral é que os Estados Unidos se mantiveram firmes perante um recalcitrante Saddam Hussein e forçaram-no a sair do Kuwait. Isso permite que os Estados Unidos aleguem que a guerra de 1991 foi uma guerra heroica.

---

*   Knut Royce, "Secret Offer: Iraq Sent Pullout Deal to U.S.", *Newsday*, 29 de agosto de 1990.

**   Patrick Tyler, "Confrontation in the Gulf: Arafat Eases Stand on Kuwait–Palestine Link", *New York Times*, 3 de janeiro de 1991.

NOAM: Correto. A invasão estadunidense era considerada um grande feito heroico. O Exército estadunidense teve êxito ao superar o enorme Exército iraquiano com grande brutalidade. A dureza da guerra era relatada principalmente no *Newsday*, de Long Island, vendido em bancas de jornal de Nova York. Chegou a um ponto em que os Estados Unidos passavam escavadeiras por cima de soldados iraquianos, em sua maioria recrutas de origem camponesa, à medida que o Exército avançava pela terra que cobria esses soldados iraquianos camponeses enterrados na areia e na lama. Enquanto isso, os Estados Unidos bombardeavam tudo o que podiam; a infraestrutura do Iraque foi devastada para além da imaginação. George H. W. Bush explicou claramente o que estava acontecendo: "Nós mostramos que o que dissermos vale. É isso". Parece a guerra contra o Afeganistão, a força intimidando a todos. Nós não queríamos negociações, nem mesmo a rendição. Queríamos um ataque devastador para mostrar ao mundo que o que dissermos vale.

A guerra não terminou com os bombardeios. A eles se seguiu um duro regime de sanções implantado por Bill Clinton, embora tecnicamente fossem sanções das Nações Unidas. Os diplomatas da ONU foram encarregados de supervisionar o programa de petróleo por alimentos, que permitia que o Iraque vendesse petróleo e recebesse alimentos e outros insumos. Essa era a assim chamada parte humanitária do regime de sanções. Ambos os principais diplomatas da ONU – Denis Halliday e Hans von Sponeck – renunciaram em protesto, acusando o regime de sanções como genocida. Von Sponeck escreveu um importante livro – *A Different Kind of War: The UN Sanctions Regime in Iraq* [Um tipo diferente de guerra: o regime de sanções da ONU no Iraque] (2006) –, em que detalhou o que se passava. Von Sponeck sabia mais sobre o Iraque na época que qualquer outro ocidental. Sua equipe percorreu o país coletando informações sobre o extremo sadismo das sanções, que ele descreveu com todos os detalhes no livro. As sanções devastaram a população e, como sempre, beneficiaram o ditador ao solapar qualquer oposição possível a ele. Saddam tinha um sistema de distribuição de alimentos muito eficiente, que havia sido reconhecido como tal pelo Ocidente.

O povo, passando fome sob as sanções, correu para debaixo de seu guarda-chuva para obter apoio. O tipo de oposição que havia derrubado uma série de ditadores, uma oposição popular, não poderia ter lugar aqui. Marcos, Suharto, Duvalier, todos eles foram derrubados nesse período por uma oposição popular, mas isso não era possível sob o regime de sanções no Iraque, que minava completamente qualquer esforço por parte da população e fortalecia Saddam. A propósito, esse é o efeito mais costumeiro de sanções. O livro de Von Sponeck foi basicamente sufocado. Acho que não houve uma única resenha do livro nos Estados Unidos. Quase não houve eventos com sua participação; um deles foi um pequeno seminário no MIT. Seus pontos de vista não encontraram um público mais amplo. Em 2001, o povo iraquiano lutava para sobreviver com dignidade.

Os Estados Unidos continuaram bombardeando o Iraque ao longo da década de 1990, quase como se quisessem dizer para os iraquianos que a guerra de 1991 não tinha acabado. Quando a oportunidade para os Estados Unidos invadirem o Iraque se apresentou, eles a agarraram. A invasão de 2003 foi esmagadoramente contra a opinião pública pelo mundo afora, exceto nos Estados Unidos e em Israel. Na França e na Alemanha, a população se opôs à guerra por ampla margem, razão pela qual os governos foram obrigados a se pronunciar contra a guerra. Thomas Friedman escreveu um artigo no *The New York Times* dizendo que a França deveria ser expulsa do Conselho de Segurança da ONU.[*] Ele falou como crianças falam nos jardins de infância: se você não brincar de acordo com nossas regras, vá embora. O Senado estadunidense proibiu o uso do termo *french fries* [para designar

---

[*] Thomas Friedman, "Vote France Off the Island", *New York Times*, 9 de fevereiro de 2003.

batatas fritas] em sua lanchonete, rebatizando-as de *freedom fries*. Vamos ensinar esses franceses a ousar seguir a opinião pública! Donald Rumsfeld fez um discurso muito interessante em que fez uma distinção entre Velha Europa e Nova Europa. A Velha Europa é composta de países como França e Alemanha, onde eles seguem a opinião pública francamente majoritária, e que se opuseram à invasão estadunidense. A Nova Europa é composta de um bando de líderes que apoiaram a invasão estadunidense contra a esmagadora maioria de suas populações. Apareceram muitas notícias na imprensa sobre as maravilhas da Nova Europa, suprimindo o fato de que, embora seus líderes apoiassem os Estados Unidos, suas populações se opunham à guerra. O caso mais dramático era o da Espanha, onde o primeiro-ministro José Maria Aznar apoiou a invasão estadunidense, e foi convidado a anunciar o fato nos Açores com Bush e Tony Blair, primeiro-ministro britânico. Aznar foi muito elogiado na imprensa estadunidense, que não mencionava que cerca de 98% do povo espanhol se opunha à guerra. Mas isso é o de menos. A Nova Europa eram aqueles governantes que se opunham à maioria esmagadora de suas populações. A Velha Europa, aquela que esquecemos e queremos expulsar do Conselho de Segurança da ONU, como sugerido por Thomas Friedman, eram aqueles que de fato seguiram sua opinião pública.

Aí vem a guerra. Organizações humanitárias, assim como fizeram com relação ao Afeganistão, alertaram que a guerra criaria uma crise humanitária e que os iraquianos não tinham como lidar com uma invasão de grande porte. Elas previram que centenas de milhares de pessoas morreriam, o que se revelou uma estimativa conservadora. Não importava. Assim como no Afeganistão, nós fazemos o que queremos, nós mostramos nossa força. No caso do Iraque, ao contrário do Afeganistão, havia um propósito estratégico real: o petróleo. A invasão foi brutal; alguns dos incidentes – como o segundo ataque a Fallujah em novembro de 2004 – foram verdadeiramente chocantes. Mulheres e crianças puderam deixar a cidade, mas os homens tiveram que ficar. Então veio um grande ataque dos fuzileiros navais estadunidenses, que foi enaltecido na imprensa. Eu me lembro do primeiro dia do ataque, quando as forças estadunidenses tomaram o hospital geral, o que é um grave crime de guerra. Os soldados jogaram pacientes no chão, jogaram médicos no chão, e os amarraram. A imprensa ficou eufórica. O *The New York Times* trouxe uma foto do hospital geral, falando de quão maravilhoso aquilo era e colocando a culpa do ataque nos "terroristas".* A imprensa descreveu como os fuzileiros navais estadunidenses encontraram os "ratos selvagens" em suas "tocas" e os mataram. Ninguém sabe quantas pessoas foram mortas, já que nós não contamos as nossas atrocidades. Armas perigosas foram usadas, incluindo muito urânio empobrecido, muita radioatividade, o que fez aumentar as taxas de incidência de câncer. Seguiram-se estudos de médicos iraquianos e de grupos de direitos humanos iraquianos. Ambos mostraram a escala da atrocidade. O pior crime foi que a invasão incitou o conflito étnico. Antes da invasão estadunidense, as comunidades xiita e sunita viviam juntas, tratando-se como duas seitas protestantes se tratam nos Estados Unidos. Seus integrantes se casavam uns com os outros, viviam nos mesmos bairros e frequentemente não sabiam bem quem era o que. Passados dois anos da ocupação estadunidense, elas estavam em guerra uma contra a outra. Essa guerra étnica ou sectária se espalhou por todo o Oriente Médio, dilacerando toda a região.

No Iraque, os Estados Unidos não conseguiram estabelecer um governo suficientemente influenciável para governar o país por eles. Isso se tornou um problema quando foram forçados a se retirar sob pressão iraquiana em 2007. O governo Bush produziu, em novembro de 2007, um Acordo de Estatuto de Forças [Sofa, na sigla em inglês], que ele queria que o governo iraquiano aceitasse. Pela primeira vez, esse Sofa afirmava explicitamente os

---

* Richard A. Oppel Jr., "Early Target of Offensive Is a Hospital", *New York Times*, 8 de novembro de 2004.

motivos estadunidenses para a sua guerra. Qualquer um que estivesse atento aos fatos já sabia, mas este foi um pronunciamento explícito. O acordo oferecia privilégios especiais para corporações estadunidenses, no caso, do setor energético, para explorar os recursos iraquianos. Esse era um ponto. O segundo era que os Estados Unidos precisavam ter bases militares permanentes no Iraque. Esses eram os dois pontos essenciais do Sofa. Para garantir que todo mundo compreendesse que o governo estadunidense não arredaria pé com relação a esses pontos, em janeiro de 2008, quando o presidente dos Estados Unidos apresentou o orçamento, ele publicou em anexo pronunciamentos escritos [*signing statements*] dizendo que ignoraria qualquer coisa que interferisse nas propostas do Sofa. Era grave, pois significava que os Estados Unidos insistiriam em dar privilégios especiais para corporações estadunidenses e na existência de bases militares permanentes. A imprensa cooperou ao jamais noticiar o fato. Comentaristas e acadêmicos não aludiram a ele. Mas era a declaração mais importante de todas sobre a guerra.

Sabemos do pretexto. O primeiro pretexto era o que Tony Blair chamava de "pergunta única" para a invasão: Saddam acabará com seu programa de armas nucleares? Eles não conseguiram achar quaisquer provas de tais armas ou de quaisquer outras armas de destruição em massa. Antes da guerra contra o Iraque, Rumsfeld e Dick Cheney iniciaram seu programa de tortura para ver se conseguiam invocar uma relação entre Saddam e a Al-Qaeda, o que é completamente ridículo, já que eles eram inimigos, mas eles tentaram achar alguma prova que teria permitido que argumentassem que a guerra contra o Iraque tinha a ver com o 11 de Setembro. Rapidamente, o programa de tortura foi expandido para tentar achar um programa de armas nucleares no Iraque. Colin Powell fez aquela apresentação infame na ONU, segurando aquele frasco, usando informações falsas obtidas por meio de tortura, para tentar defender perante as Nações Unidas a guerra contra o Iraque. Powell, que, achava-

-se, teria algum grau de integridade, apresentou uma série de falsificações sobre o programa de armas nucleares do Iraque, o que não existia. Após a invasão, os Estados Unidos lançaram uma enorme busca por armas nucleares ou outras armas de destruição em massa. Nada. Exatamente como vinham dizendo os investigadores da ONU, como Hans Blix, diplomata sueco que encabeçava a equipe da ONU. Blix, na época, afirmava que sua equipe tinha investigado tudo e não tinha achado nada. Um par de meses após a ocupação, os Estados Unidos tiveram que aceitar que tinham a resposta errada para a "pergunta única" de Blair. Algo de interessante aconteceu: a "pergunta única" foi esquecida. George W. Bush fez um discurso para dizer que invadíramos o Iraque para levar a democracia ao país, para fazer avançar a "Pauta da Liberdade". Todos repararam, e a imprensa começou a borbotar sobre esse magnífico esforço para levar a democracia ao país. Praticamente todos os estudiosos haviam entrado na onda, sendo Augustus Norton um dos poucos a indicar criticamente que a profissão tinha pegado carona na história mesmo sabendo desde sempre que era um absurdo.

É verdade que nem todos concordaram. Havia algum apoio no Iraque à posição de Bush; cerca de 1% concordava com relação à promoção da democracia; 5% achavam que os Estados Unidos haviam invadido para ajudar os iraquianos. O restante dizia o que era óbvio para qualquer um com uma célula cinzenta: eles haviam invadido para se apossar dos recursos do Iraque. Nós não temos permissão para dizer isso. Nós devemos acreditar que se o Iraque estivesse produzindo aspargos e se o centro da produção petrolífera fosse no Pacífico Sul, então os Estados Unidos teriam mesmo assim invadido o Iraque para levar a democracia. Essa é a história oficial, repetida com uniformidade considerável na imprensa e na academia. Mas o Sofa finalmente – e oficialmente – expôs o óbvio.

O Iraque hoje em dia é um dos países mais amargos, tristes e torturados do mundo, e o conflito xiita-sunita, que foi incubado no Iraque, se generalizou pelo Oriente Médio. Então esse foi um grande avanço do governo estadunidense. O parlamento iraquiano já convocou as forças estadunidenses a se retirarem. Mas isso seria equivalente a atender os clamores da opinião mundial. E os Estados Unidos sairão quando decidirem, não quando o parlamento iraquiano decidir. É assim que está a coisa.

VIJAY: Em 2004, o secretário-geral da ONU, Kofi Annan, afirmou à BBC que se tratava de uma "guerra ilegal", fato a que você já se referiu.* Em janeiro de 2005, George W. Bush disse em seu segundo discurso de posse: "A sobrevivência da liberdade em nossa terra cada vez mais depende do sucesso da liberdade em outras terras". Houve um grande clamor nos *think tanks* de Washington sobre a "Pauta da Liberdade" e a "promoção da democracia". Tudo isso parece que encalhou para os Estados Unidos quando o Hamas venceu as eleições palestinas em janeiro de 2006. A secretária de Estado Condoleezza Rice disse aos líderes do Fatah que eles precisavam derrubar a liderança do Hamas em Gaza. Rice organizou treinamento de emergência nos Emirados Árabes Unidos para o Fatah, e para o Egito enviar armas para os combatentes. Quando o Fatah se revoltou contra o Hamas em 2007, foi uma reprimenda à estratégia estadunidense de "promoção da democracia". Parece que a "liberdade em outras terras" só ia funcionar se a liderança política em outras terras fosse suficientemente adaptável à pauta geral dos Estados Unidos.

Em abril de 2006, meses após as eleições palestinas e meses antes do ataque israelense ao Líbano, você foi à academia militar de West Point e fez um discurso muito importante sobre a teoria da "guerra justa". O governo estadunidense estava aflito por uma necessidade constante de validar a guerra no Iraque com base na democracia ou alguma forma de justiça. Por que eles não dizem simplesmente: "Estamos aqui por causa do petróleo?" Trump disse isso para Kelly Evans do *Wall Street Journal* em 2011. "Eu

---

* "Iraq War Illegal, Says Annan", BBC, 16 de setembro de 2004.

pegaria o petróleo", ele disse. Mas isso não vem ao caso. Conte-me um pouco sobre as contradições de toda a história da "guerra justa", que parece dar credibilidade ao mito estadunidense sobre as guerras que o país faz.

NOAM: A palestra em West Point foi interessante. Eu fui convidado para falar apenas a uma turma de filosofia, mas houve tanto interesse entre os estudantes que eles abriram a palestra para todos os cadetes. Eu falei para a metade de todo o corpo discente e a vários oficiais de alta patente. Foi um público muito interessante, não muito diferente de qualquer público universitário, já que eles estavam interessados e faziam boas perguntas. Depois da palestra, alguns cadetes vieram me perguntar: "Você acha que estamos fazendo a coisa certa ao entrar para o Exército?", e me pedindo "Você poderia autografar meu livro?". Coisas que comumente me acontecem nesse tipo de palestra. Foi interessante conversar com eles, especialmente sobre a teoria da guerra justa. Na década de 1990, esse negócio de guerra justa, bem como a tal da intervenção humanitária, se tornou um assunto de relevo. Não acho que seja acidental. Antes de 1990-1991, havia uma desculpa fácil para qualquer atrocidade, qualquer invasão, qualquer agressão, qualquer massacre. O que quer que você fizesse, você dizia: "os russos estão vindo". Isso bastava. Você não precisava de desculpas complicadas. Depois do colapso da URSS, você não podia mais dizer que os russos estavam vindo. Após 1991, algo de novo era necessário. Bem, eis que aparece a "intervenção humanitária", que se tornou um novo mantra, e a teoria da "guerra justa". A teoria da "guerra justa" tem um histórico. Em 1977, Michael Walzer, professor do Instituto de Estudos Avançados da Universidade de Princeton, publicou um livro chamado *Guerras justas e injustas*. Eu o resenhei no ano seguinte para o periódico *Inquiry*. Era basicamente um pleito em favor de atrocidades israelenses. A maior parte do livro, que é altamente elogiado, em grande medida repete a Carta das Nações Unidas, dizendo: "sim, você não pode lançar uma guerra agressiva, você precisa ter autorizações do Conselho de Segurança da ONU" e outros pontos anódinos como esse. Mas o livro fica interessante quando apresenta suas exceções. Walzer repassa 2 mil anos de guerra e então diz que há alguns casos em que o argumento pela guerra era tão óbvio que não precisava ser discutido. A resposta estadunidense após Pearl Harbor não requeria qualquer legitimação; tampouco a invasão da Normandia. Elas não precisavam de um argumento. Ele apresenta meia dúzia de casos desse tipo de ataque. Um deles é a guerra israelense de preempção contra o Egito e a Síria em 1967. Ele sugere que ela era tão obviamente certa que nós nem precisamos falar a respeito. Quando escreveu o livro, Walzer sabia que Israel esperava vencer em poucos dias, e que a inteligência estadunidense deixara claro que haveria pouca resistência do Egito ou da Síria. A guerra de preempção é ilegal, criminosa, então era preciso criar um argumento para justificar por que Israel conduziu uma guerra de preempção que ele esperava ganhar facilmente. Walzer cita um livro israelense que conduz uma discussão encenada entre soldados israelenses, em que falam sobre quão nobres eles são e como detestam atirar em alguém, mas são obrigados a fazê-lo. Para eles, é muito doloroso atirar em alguém, uma atitude que permite que Walzer mostre como as Forças de Defesa de Israel são um Exército único em sua moralidade e suas guerras são inerentemente justas. Basicamente isso é o que diz o livro de Walzer de 1977.

Ao chegar à década de 1990, as ideias de guerra justa e injusta e de intervenção humanitária ganharam grande destaque por razões que não são surpreendentes. A questão foi levantada durante a invasão da Sérvia e do Kosovo, quando haveria uma intervenção humanitária fantástica liderada pela Otan que mostraria quão maravilhosos são os europeus e os Estados Unidos. Os fatos são exatamente o oposto do que foi retratado e continua sendo retratado. Na Sérvia e no Kosovo, havia opções de negociação perfeitamente boas. Os Estados Unidos invadiram com total consciência de que a invasão traria um aumento vertiginoso das atrocidades.

O governo Clinton foi informado sobre o assunto por Wesley Clark, general da Otan, antes da guerra. Na verdade, Clark disse a mesma coisa em uma entrevista coletiva, ou seja, que os sérvios reagiriam em âmbito local quando o bombardeio começasse, e haveria um aumento enorme na ocorrência de atrocidades. Antes do bombardeio, tratava-se de uma situação desagradável com uma história semicrível sobre atrocidades. A invasão foi levada a cabo com o entendimento de que levaria a uma escalada nas atrocidades, o que de fato ocorreu. O aumento das atrocidades foi usado para justificar a invasão, invertendo a ordem dos fatores, que como prática é quase uniforme. Até a Comissão Goldstone, que investigou a guerra, inverteu a cronologia, dizendo que era uma invasão humanitária por causa das atrocidades, que eram um resultado previsto da invasão e não sua causa.

VIJAY: Até o relatório Goldstone teve que admitir que a intervenção foi ilegal porque não tinha uma resolução do Conselho de Segurança da ONU; contudo, afirmou que ela foi "política e moralmente legítima".

NOAM: Isso se torna importante na parte que se segue. Da guerra na Iugoslávia e das discussões sobre intervenção humanitária na década de 1990 saiu uma nova doutrina chamada Responsabilidade de Proteger, ou R2P. A maneira como a doutrina R2P é tratada na literatura de assuntos internacionais e nos meios de comunicação é extremamente interessante. Na realidade, existem duas versões da R2P, moldadas por essa distinção entre guerras ilegais, devido à ausência de uma resolução do Conselho de Segurança da ONU, e guerras "política e moralmente legítimas". Uma versão é a versão oficial das Nações Unidas, que foi codificada por uma resolução da Assembleia Geral da ONU em 2006. Se houver repressão interna em um país e houver pressão por uma intervenção, nenhuma força militar externa pode ser usada sem a autorização do Conselho de Segurança. Essa é a versão oficial da R2P. A outra versão advém de uma comissão canadense chefiada por Gareth Evans, ex-ministro linha-dura das Relações Exteriores da Austrália, que havia defendido firmemente o apoio australiano à invasão indonésia de Timor Leste. A versão de R2P da Comissão Evans, publicada em 2001 como *Relatório da Comissão Internacional sobre Intervenção e Soberania Estatal*, é quase exatamente igual à versão oficial, mas com uma diferença fundamental. Há um parágrafo que diz que alianças militares regionais podem realizar intervenções militares em sua própria região sem a autorização do Conselho de Segurança da ONU. Então, neste caso, a intervenção no Kosovo não seria "ilegal" porque foi a Otan, uma aliança regional, que a executou.

Qual é a única organização militar regional capaz de realizar tais intervenções? Bem, a Otan. Qual é a região dela? Não o Atlântico Norte, que consta no nome, mas o mundo. Então, a R2P significa seguir a Carta da ONU com uma exceção, que é que a Otan pode invadir e destruir qualquer país que quiser, como fez na Iugoslávia. A Otan, é claro, significa os Estados Unidos, e outros arrastados junto, sem uma autorização do Conselho de Segurança da ONU. Se você olhar a literatura sobre isso, qualquer intervenção de R2P é justificada apelando-se para a versão da ONU, mas ocorre de acordo com a versão de Evans: um apelo à Carta da ONU, mas com ações baseadas nas exceções Evans-Otan. Trata-se de um claro êxito propagandístico. Temos a intervenção humanitária, o que significa que podemos atacar qualquer um que quisermos se dissermos que é humanitária. E ela ganha legitimidade porque a ONU tinha uma resolução de R2P apoiando-a, a não ser pelo fato de que ela dizia que você não pode fazer isso sem uma resolução do Conselho de Segurança, mas essa é uma dificuldade menor. Essa é a ideologia da disposição em aceitar automaticamente doutrinas aparentemente oficiais que apoiam a violência estatal.

Kofi Annan disse que a guerra estadunidense contra o Iraque foi um crime. Um caso clássico de um crime – uma guerra de agressão – pelo qual os criminosos de guerra nazistas foram enforcados.

Não havia pretexto crível para a invasão, não havia autorização do Conselho de Segurança da ONU, havia a oposição massiva da população mundial, nenhum aspecto que a redimisse. Hitler invadiu a Polônia com base no "terror selvagem dos poloneses" que precisava ser reprimido em nome da paz. Quando Hitler tomou a região dos Sudetos, ele disse que era para "trazer paz e segurança a uma área onde as pessoas estavam em conflito, e para onde os nazistas trariam [...] as vantagens da civilização alemã". Trata-se de uma justificação com um nível praticamente igual de credibilidade à dada por Washington para sua invasão do Iraque. Em toda a discussão pública nos grandes meios de comunicação sobre o Iraque, você não encontrará uma única pessoa dizendo que a guerra contra o Iraque foi o mesmo tipo de crime de guerra de agressão da Alemanha, que resultou nos Julgamentos de Nuremberg. O que você encontrará é alguém como o Obama chamando a invasão do Iraque de "mancada estratégica", que é o que os generais nazistas disseram após a Batalha de Stalingrado. Outros, que disseram que não gostavam da guerra no Iraque, estão sendo muito elogiados por sua coragem e integridade. Tente achar um que diga que o ataque ao Iraque foi um ato criminoso. Se levamos a sério os Julgamentos de Nuremberg, então essas pessoas que fabricaram a Guerra do Iraque deveriam ser julgadas com base no princípio de Nuremberg. O principal promotor estadunidense em Nuremberg, o juiz Robert Jackson, disse algo muito interessante no final dos processos: "Estamos dando a esses réus um cálice envenenado. E se nós um dia tomarmos um gole dele, precisamos ser tratados da mesma maneira ou então reconhecer que este julgamento é uma farsa". Bom, tire suas próprias conclusões a partir desta afirmação.

VIJAY: No discurso em West Point, você citou Tácito: "Os fortes fazem o que podem, os fracos sofrem o que devem". Você cita Tácito com frequência, inclusive a outra fala que você já usou muitas vezes: "Onde criam um deserto, eles chamam de paz". Na última década, praticamente não houve debate público sério sobre a situação no Iraque, cujo povo luta para viver em meio aos detritos da guerra. Se nós invertermos a citação de Tácito, "crie uma selva, e chame-a de guerra", isso sugere como os Estados Unidos parecem sempre encontrar uma razão para permanecer no Iraque. Eles bombardeiam o Iraque em 1991, mantêm um regime de sanções bem impiedoso durante a década de 1990, bombardeiam o Iraque de novo em 2003, e então invadem e ocupam o país com idas e vindas pelos próximos vários anos. As razões dessa longa guerra contra o Iraque são muitas: a invasão iraquiana do Kuwait, a ameaça das armas de destruição em massa do Iraque, a necessidade de criar a democracia, as ameaças da Al-Qaeda e depois do Isis, a necessidade de proteger os curdos, e assim por diante. Essas desculpas são apresentadas a granel, e então algumas delas desaparecem. O tema dos curdos é exemplar porque o seu papel também tem sido crucial para o poder estadunidense. Qual é a sua opinião, Noam, do enclave curdo no norte do Iraque e o papel que ele desempenha desde 1991?

NOAM: Em 1991, após os Estados Unidos expulsarem o Exército iraquiano do Kuwait, os iraquianos se levantaram para tentar derrubar o que restava do regime de Saddam. Os Estados Unidos bombardearam os soldados iraquianos em fuga rumo ao norte, massacrando muitos durante sua retirada ao longo do que mais tarde foi chamada de Rodovia da Morte. Os Estados Unidos encorajaram os iraquianos a se levantar e derrubar o governo. Os povos do sul do Iraque, que estavam sendo bombardeados pelos Estados Unidos, se lançaram em uma insurreição contra Saddam, que voltou seu Exército contra eles e perpetrou um enorme massacre enquanto os Estados Unidos só olhavam. Os Estados Unidos instaram a revolta, e depois Saddam os esmagou. Os Estados Unidos disseram: "nós não podemos fazer nada a respeito, já que não intervimos em outros países". Houve comentários negativos sobre isso, com alguns liberais pedindo que os Estados Unidos interviessem, mas nada aconteceu de fato. Não passou disso no sul do Iraque.

A cobertura mudou quando houve um levante no norte, onde os curdos iraquianos vivem. Havia repórteres ocidentais dizendo "temos aqui essas crianças de olhos azuis sendo atacadas por esse monstro", e assim por diante. Bush tinha que fazer alguma coisa, então ele criou uma "zona de exclusão aérea", o que na verdade era uma boa coisa a se fazer, embora as razões fossem horríveis. Com a zona de exclusão aérea, os curdos do norte do Iraque alcançaram um grau significativo de independência. Infelizmente, o que está se passando internamente entre os curdos não é nada bonito, já que há dois grupos, ambos corruptos e brutais. Eles não se valeram da oportunidade para fazer avançar algo, mas pelo menos ficaram livres dos ataques de Saddam em 1991.

Esses ataques contra os curdos foram crimes horrendos, de grandes proporções. De longe, os piores foram cometidos na década de 1980, durante a campanha Anfal, que incluiu o uso de armas químicas contra os curdos da cidade de Halabja em 1988 (ligada à guerra química contra o Irã). A invasão do Kuwait, embora um crime sério, acrescentou pouco ao histórico já horrendo do governo iraquiano. Saddam, contudo, na década de 1980, seguiu sendo um aliado e parceiro comercial preferencial dos Estados Unidos, da Grã-Bretanha e da Alemanha Ocidental, o que aumentava ainda mais a cumplicidade com esses crimes. O governo Reagan até tentou evitar uma reação do Congresso ao uso de gás tóxico contra os curdos, incluindo o apelo sem êxito do presidente da Comissão de Relações Exteriores do Senado, Claiborne Pell: "Não podemos ficar em silêncio novamente face ao genocídio". O apoio de Reagan a Saddam era tão extremo que quando o correspondente da rede de TV ABC Charles Glass revelou a sede de um dos programas de armas biológicas de Saddam poucos meses após Halabja, Washington negou os fatos e a matéria morreu ali. Esses ataques contra os curdos agora eram evitados pela zona de exclusão aérea. Os curdos têm sido brutal e cruelmente reprimidos em toda a região. A maior parte dos curdos está na Turquia, onde a repressão tem sido a pior. A zona de exclusão aérea no norte do Iraque foi imposta ao mesmo tempo que os Estados Unidos aumentavam a ajuda militar à Turquia, que em seguida lançou um ataque monstruoso contra os curdos no sudeste do país. Isso foi no governo Clinton. Quando o terror contra os curdos chegou ao seu ápice em 1998, a ajuda estadunidense estava em seu nível mais alto também. Nada disso teve cobertura, com o *The New York Times* em grande medida em silêncio. (Isso apesar de ter uma sucursal e um repórter muito bom – Stephen Kinzer – no país. Mais tarde, Kinzer viria a escrever muito bem sobre essas questões.) Basicamente, o que acontecia no sudeste da Turquia com os curdos foi suprimido. Dá para encontrar alguma coisa aqui e ali, mas não muito.

Eu visitei a Turquia em fevereiro de 2002, ao final desse ciclo de atrocidades. Eu fiz essa visita com dois ativistas de direitos humanos curdos muito corajosos, que tinham muitos colegas que haviam sido presos e torturados, mas eles seguiam firmes. Não mencionarei os nomes dessas pessoas incríveis, mas eu fui com elas a Diyarbakir, a principal cidade curda. Fomos seguidos por forças de segurança turcas, que nos vigiavam bastante abertamente. Se os meus amigos turcos vissem crianças brincando nas ruas com roupas que sugerissem a bandeira curda, eles me levavam em outra direção, porque se nós fossemos lá, eles afirmavam, as famílias ficariam sujeitas a uma repressão violenta. As pessoas tinham medo de conversar. Eu fiz um discurso lá sobre alguns dos temas que surgem a partir da guerra ao terror, por assim dizer. As pessoas fizeram muitas perguntas, incluindo sobre se os Estados Unidos iriam à guerra contra o Iraque e o que isso significaria para os curdos.

VIJAY: Essa interação em Diyarbakir foi gravada. Vale a pena revisitar a resposta que você deu à pessoa que pergunta sobre a possibilidade de um ataque estadunidense com força total contra o Iraque.

NOAM: Essa é uma questão importante que está em pauta atualmente. Há dois tipos de razões para um possível ataque estadunidense ao Iraque. O primeiro é doméstico, interno aos Estados Unidos. Se você fosse um assessor do governo Bush, o que você diria? Você diria: "Tente focar a atenção das pessoas no escândalo da Enron, e no fato de que as propostas de reduzir impostos para os ricos vão solapar todos os programas sociais e vão deixar a maior parte da população com sérios problemas"? É nisso que você gostaria que as pessoas prestassem atenção, em políticas como essas? Não, obviamente. O que você quer é que as pessoas sintam medo, que se agrupem embaixo do guarda-chuva do poder, que não prestem atenção ao que você está fazendo a elas enquanto serve aos interesses de setores estreitos dos ricos e poderosos. Então, você quer um conflito militar. Esse é o lado doméstico. Do lado internacional, o Iraque tem a segunda maior reserva de petróleo do mundo. A maior é a saudita, a iraquiana é a segunda. Os Estados Unidos certamente não vão abrir mão do controle sobre essa enorme fonte de poder e riqueza. Ademais, hoje se o petróleo iraquiano voltasse ao sistema internacional, seria em grande medida sob o controle da Rússia, da França e de outros países, não das empresas de energia estadunidenses. E os Estados Unidos não vão permitir isso. Então, dá para dizer com um alto grau de certeza que de uma maneira ou de outra os Estados Unidos estão tentando garantir que o Iraque vai retornar ao sistema internacional sob o seu controle. Agora, como fazer isso? Bem, um plano, e esse plano foi discutido na Turquia, como vocês sabem, é para os Estados Unidos usarem a Turquia como força militar mercenária para conquistar o norte do Iraque com tropas terrestres enquanto os Estados Unidos bombardeiam a 20 mil pés. A recompensa para a Turquia poderia ser que ela passaria a controlar os recursos petrolíferos de Mosul e Kirkuk, região que sempre foi considerada parte da Turquia. E para os Estados Unidos, isso impediria que seus inimigos – Rússia, França e outros – tivessem acesso privilegiado ao petróleo da região. Enquanto isso, os Estados Unidos vão se apossar do sul de algum jeito. O que acontece com os curdos? Detesto pensar a respeito. Provavelmente vai ser um terrível massacre de algum tipo. Eles estarão bem no meio disso. Para a Turquia, afora a questão de certo e errado, seria uma jogada muito perigosa. E é uma jogada muito perigosa também para os Estados Unidos, até porque poderia explodir toda a região. Poderia levar a uma revolução na Arábia Saudita. Ninguém sabe. Elementos do governo Bush estão seguindo esses planos e outros similares, e dá para ver a lógica. Se terão permissão para implementar tais planos é outra história. Eu sou cético. Eu acho que os argumentos contra provavelmente são fortes demais. Mas eles mesmos não sabem, e certamente ninguém mais tem como saber.

Em Istambul, um ativista de direitos humanos me levou para conhecer os cortiços, que eram horrendos. A maior parte das pessoas não sabe que eles existem, já que ficam em lugares onde a classe média não vai, e são cheios de refugiados, centenas de milhares, talvez milhões. Eles fugiram das áreas curdas no sudeste da Turquia e foram parar nessas condições de vida. Uma família vivendo em um cômodo minúsculo, o pai com medo de sair porque pode ser morto, as crianças obrigadas a sair para trabalhar. Eu odiei perguntar onde as crianças trabalhavam, mas ao menos elas sobreviviam e traziam um pouco de dinheiro para casa. Essa miséria foi uma das mais horríveis que eu já vi, e eu já vi muita coisa nas minhas viagens. Centenas de milhares de curdos expulsos dos seus lares devido a armas estadunidenses enviadas pelo governo Clinton. Silêncio absoluto sobre esses assuntos. Eu fui à Turquia mais algumas vezes, e as coisas pareceram um pouco melhores em termos dos ataques implacáveis às áreas curdas, não tão ruins quanto na década de 1990, quero dizer. Mas um histórico horrível de repressão.

VIJAY: A guerra sobre a qual os curdos de Diyarbakir te perguntaram em fevereiro de 2002 de fato ocorreu no ano seguinte.

102 A RETIRADA

Ela desestabilizou toda a região, aparentemente abrindo espaço para potências regionais completarem projetos que haviam sido freados. Muitas dessas tentativas fracassaram drasticamente. O governo turco, por exemplo, esperava finalmente esmagar a Questão Curda e tomar partes da Síria que há tempos considerava parte do território turco. Em parte, essa era a motivação do governo turco durante a guerra contra a Síria que começou em 2011. Mas ele fracassou, já que nem a Questão Curda se encerrou nem a Turquia conseguiu ficar com aquelas partes da Síria que tomara por um tempo. Aparentemente, a única transformação duradoura decorrente da guerra estadunidense contra o Iraque em 2003 não diz respeito ao poder turco, mas ao papel do Irã na região. O Irã desenvolveu uma influência considerável no Iraque e na Síria, e aprofundou seus vínculos com o Líbano. Durante esse período, os Estados Unidos tentaram empurrar o Irã de volta às suas fronteiras. Houve a Syria Accountability Act, lei de 2005 que os Estados Unidos usaram como instrumento para punir a Síria por suas ligações com o Irã. Houve o ataque israelense, autorizado pelos Estados Unidos, contra o Líbano, em 2006, com ênfase no Hezbollah. Em seguida, do nada, vieram as "questões nucleares", com o Irã sofrendo intensas sanções dos Estados Unidos e dos europeus. Você poderia comentar um pouco sobre essa tentativa de empurrar o Irã de volta às suas fronteiras?

NOAM: Empurrar o Irã de volta às suas fronteiras significa fazer refluir sua influência. O Irã não invadiu o Líbano. O Líbano é uma sociedade plural, com uma grande população xiita que tem laços próximos com o Irã (não apenas teológicos, mas também familiares). Basicamente, o Hezbollah é a principal força da comunidade xiita no Líbano. O Irã não invadiu o Iraque. É o contrário, já que o Iraque invadiu o Irã em 1980. Mas há muito tempo tem havido uma influência iraniana, por intermédio de suas conexões religiosas xiitas, sobre o Iraque. A ameaça iraniana, aos olhos dos Estados Unidos, é como a ameaça da China: eles estão espalhando a sua influência. Como a China, o Irã não segue as ordens dos Estados Unidos. Seguia na época do xá, e tudo ia bem. E por falar em armas nucleares, o xá do Irã disse que desenvolveria armas nucleares, e os Estados Unidos o apoiaram. Uma década depois, os Estados Unidos convidaram engenheiros nucleares iraquianos para fazer um treinamento avançado como parte de uma tentativa de entregar armas nucleares ao Iraque. Se você for uma elite dirigente obediente, então tudo está bem; se você não segue as ordens, tome cuidado. O Irã só foi ter um programa de armas nucleares depois da invasão iraquiana em 1980, e dos subsequentes ataques com armas químicas. O Ayatollah Khomeini, em que pese ter decretado uma fátua contra tais armas, obviamente achava que o Irã precisava ter uma maneira de se defender. Esse programa seguiu até 2003, quando Khatami o terminou. Desde então, o Irã desenvolveu energia nuclear, mas não há provas de que esteja tentando desenvolver armas nucleares ou desenvolver a capacidade de fabricar armas nucleares. Isso é algo que muitos países têm, mas não o Irã.

Abordemos com cuidado a questão das armas nucleares, que se desenvolveu na década de 2000. Existe uma ameaça de armas nucleares iranianas? Supondo que o Irã de fato tivesse armas nucleares – qual seria a ameaça? Se o Irã tentasse montar uma arma nuclear em um míssil, o país seria varrido do mapa. Eles não poderiam fazer nada com uma arma nuclear a não ser usar seu efeito dissuasório. Isso é um problema para os Estados Unidos. Você não pode permitir que um país que você está tentando destruir tenha uma capacidade dissuasória. Não obstante, vamos fingir, pelo bem do debate, que haja uma ameaça de armas nucleares do Irã. Há alguma maneira de acabar com ela? O jeito simples seria estabelecer uma zona livre de armas nucleares no Oriente Médio. Tais zonas existem pelo mundo afora. Elas não podem funcionar porque os Estados Unidos violam todas elas ao instalar armas nucleares em suas bases militares no exterior ou ao aportar submarinos que têm essas armas. Temos a Zona Livre de Armas Nucleares da África, baseada no Tratado de Pelindaba (2009), que os Estados Unidos violaram ao tornar, com apoio britânico, a ilha colonial de Diego Garcia uma base militar com instalações nucleares. Então, ela não pode se estabelecer. Temos uma no Pacífico, que também não pode entrar em vigor porque os Estados Unidos insistem em ter instalações nucleares em ilhas específicas. A mais importante seria a Zona Livre de Armas Nucleares do Oriente Médio. Por que não a instituir com inspeções intensivas da Agência Internacional de Energia Atômica (AIEA), que nós sabemos que funcionariam? Já temos a experiência do Plano de Ação Conjunto Global [o acordo nuclear iraniano – JCPOA, na sigla em inglês], que funcionou até os Estados Unidos se retirarem unilateralmente. Há inspeções intensivas, inclusive pela inteligência estadunidense, incluídas no plano. Que tenhamos uma zona livre de armas nucleares com inspeções intensivas. Há um problema para instituí-la? Na verdade, não. Os Estados árabes exigem isso há 25 anos. O Irã apoia fortemente. O G77, composto por cerca de 130 países do Sul Global, apoia, também fortemente. A Europa não tem objeções. Então, qual é o problema? Bem, o de sempre. Os Estados Unidos não permitem. Os Estados Unidos vetam qualquer sugestão disso nos fóruns internacionais. Obama vetou a ideia em 2015 quando ela surgiu durante a Conferência do Tratado de Não Proliferação. Desde então, os Estados Unidos têm bloqueado a proposta.

Por que os Estados Unidos bloqueiam esse tratado? Todo o mundo sabe por que, e ninguém diz nada em voz alta, exceto em círculos relacionados ao controle de armas. Se o tratado fosse aceito, as instalações de armas nucleares de Israel teriam que ser inspeciona-das. O *The New York Times* soltou seu primeiro editorial a respeito, dizendo: "Ei, temos uma ideia brilhante: por que não estabelecer uma zona livre de armas nucleares no Oriente Médio e acabar com a ameaça iraniana?"* Aí vem a nota de pé de página: as armas nucleares de Israel não são negociáveis. Nós podemos ter uma zona livre de

---

* "One Way Forward on Iran: A Nuclear-Weapons-Free Persian Gulf", *New York Times*, 12 de junho de 2021.

armas nucleares, só que o único Estado que tem um grande arsenal de armas nucleares não fará parte dela. Os Estados Unidos nem ao menos admitem formalmente que Israel tem armas nucleares. Mas pelo menos o *Times* mencionou o tema. Foi a primeira vez que eu vi uma menção nesse tipo de publicação. Os Estados Unidos não admitem devido às implicações jurídicas. Se um Estado desenvolve armas nucleares fora do marco dos acordos internacionais, há questões legais – como a Emenda Symington – que podem proibir a ajuda econômica e militar a tal Estado. O reconhecimento do programa israelense de armas nucleares, desenvolvido por fora da AIEA, significaria que os Estados Unidos teriam que cessar seus subsídios a Israel e sua cooperação militar. Ninguém quer abrir essa porta. Se houvesse um movimento sério de solidariedade com a Palestina nos Estados Unidos, ele estaria pressionando por esse reconhecimento. Então, existe uma maneira simples de lidar com o potencial programa iraniano de armas nucleares, mas ninguém a advoga porque não é esse o objetivo.

VIJAY: Em 2015, quando o Irã assinou o JCPOA, o ministro das Relações Exteriores do Irã, Jawad Zarif, disse: "O Oriente Médio inteiro deve se livrar das armas nucleares". Aquela teria sido a oportunidade perfeita para fazer avançar a ideia da Zona Livre de Armas Nucleares do Oriente Médio, que fora posta sobre a mesa por Egito e Irã em 1974. Atualmente há cinco áreas livres de armas nucleares:
1. Tratado para a Proibição de Armas Nucleares na América Latina e o Caribe (Tratado de Tlatelolco), 1967;
2. Tratado da Zona Livre de Armas Nucleares do Sudeste Asiático (Tratado de Bangkok), 1977;
3. Tratado da Zona Livre de Armas Nucleares do Pacífico Sul (Tratado de Rarotonga), 1986;
4. Tratado da Zona Livre de Armas Nucleares da África (Tratado de Pelindaba), 2009;
5. Tratado da Zona Livre de Armas Nucleares da Ásia Central (Tratado de Semipalatinsk), 2009.

O Irã é parte do Tratado de Não Proliferação de Armas Nucleares (TNP). Seu *status* como Estado que produz energia nuclear é garantido pelo TNP. É com base nisso que a AIEA monitora a indústria nuclear do Irã. Israel, contudo, não faz parte do TNP, não tem monitores da AIEA e, no entanto, tem um arsenal nuclear crescente. É importante apontar que apesar de sua política de "ambiguidade estudada" (*amimut*), Israel é conhecido como Estado detentor de armas nucleares, não como Estado produtor de energia nuclear. Os Estados Unidos sabem do programa israelense de armas nucleares desde julho de 1960. Em dezembro daquele ano, uma Estimativa Especial de Inteligência Nacional (SNIE 100-8-60) do governo estadunidense reconheceu que Israel "está construindo um complexo de reatores nucleares no Negev, perto de Beersheba" e que a "produção de plutônio para armas é ao menos um dos principais propósitos deste esforço". Em 1969, o governo Nixon já tinha evidências suficientes de que Israel havia atingido o ponto "em que todos os componentes para uma arma estão à mão, esperando apenas montagem final e testagem". Em um memorando de 19 de julho de 1969, o secretário de Estado de Nixon, Henry Kissinger, escreveu: "Nossa avaliação é que a introdução de armas nucleares no Oriente Próximo aumentaria os perigos em uma situação já perigosa, e portanto não é de nosso interesse". Mas Kissinger não queria que o programa israelense de armas nucleares se tornasse uma questão. "Nosso principal objetivo é manter secretas as armas nucleares israelenses", ele concluiu em seu memorando a Nixon. A política estadunidense tem permanecido essa desde então. Foi a Noruega que forneceu a Israel a água pesada em 1959, e sua vizinha Finlândia viria a tentar controlar as armas nucleares israelenses em 2012. A conferência sobre uma Zona Livre de Armas Nucleares do Oriente Médio, proposta para ocorrer em Helsinque em dezembro de 2012, acabou sendo minada sob pressão israelense. Os 189 Estados-membro do TNP – incluindo o Irã – disseram que compareceriam. Israel se recusou. Além de Israel, há três outros Estados que não estão no TNP: Índia, Paquistão e o Sudão do

Sul. Em setembro de 2013, o presidente Hassan Rouhani, do Irã, afirmou na Assembleia Geral da ONU que Israel deveria entrar para o TNP "sem mais delongas". Tel Aviv respondeu com um silêncio sepulcral. Como você diz, Noam, o transgressor da região – Israel – se recusa a aceitar os acordos internacionais ou a ajudar a criar uma zona de paz na Ásia Ocidental. Mas ele não está sozinho. Os Estados Unidos atualmente mantêm armas nucleares em suas bases ao longo do Golfo Pérsico, do Bahrein ao Catar, e mais adiante, em Djibuti. Uma Zona Livre de Armas Nucleares do Oriente Médio significaria o fim da prática estadunidense de manter armas nucleares táticas nas águas ao redor da região. Em maio de 2015, os Estados Unidos e o Reino Unido aniquilaram o documento final de uma conferência de Estados do TNP por causa do conceito da Zona Livre de Armas Nucleares do Oriente Médio. Todos os Estados árabes e o Irã concordaram com o conceito, apesar das divisões normalmente turbulentas da região. Somente Israel e o Ocidente colocaram objeções a ele. Isso nos diz muito sobre quem mantém e monitora as barreiras à paz na Ásia Ocidental.

NOAM: Israel não quer nada parecido com uma zona livre de armas nucleares. Ele não quer dissuasão na Ásia Ocidental. Israel bombardeia a Síria com regularidade, invadiu o Líbano várias vezes, continua com a ocupação dos palestinos. Eu já vi muitas vezes os efeitos extremamente danosos da política israelense. Israel simplesmente não quer dissuasão na região.

O Irã é uma China em menor escala. Ele não se intimida e não segue ordens. O Irã talvez possa desenvolver algum tipo de dissuasão, mas os Estados Unidos e Israel não querem isso. O problema das armas nucleares pode ser facilmente resolvido se Israel deixar de ser uma vaca sagrada que não pode ser tocada.

VIJAY: Se a Zona Livre de Armas Nucleares do Oriente Médio é uma maneira de construir o processo de paz na região, outro seria um grande acordo entre a Arábia Saudita e o Irã. É incorreto presumir que a antipatia entre a Arábia Saudita e o Irã é sectária. Afinal de contas, quando o xá do Irã dava as cartas em Teerã, ele e os monarcas sauditas eram próximos. As coisas desandaram quando o povo iraniano se livrou de seu monarca e criou uma República Islâmica, que desafiou frontalmente a monarquia saudita. De novo, tal grande acordo entre a Arábia Saudita e o Irã, que vive sendo posto e tirado da mesa, tem a oposição dos Estados Unidos e de Israel.

NOAM: A posição estadunidense tem sido bem clara. Na verdade, quem a formalizou foi Trump em seu único êxito geopolítico, os Acordos de Abraão. Tecnicamente, esses acordos não integraram a Arábia Saudita, mas na prática o fizeram. Trata-se de um acordo formal entre os Estados mais reacionários da região: Israel, os Emirados Árabes Unidos (EAU), Bahrein e Marrocos. EAU, Bahrein e Marrocos normalizaram relações com Israel. O Sudão foi forçado a entrar porque os Estados Unidos disseram que, se não entrasse, o país voltaria para a lista dos que apoiam o terrorismo. Negócios com armas foram feitos com os Emirados Árabes Unidos e Marrocos para selar o acordo. Parte do acordo foi a autorização que Trump deu ao Marrocos para tomar ilegalmente o Saara Ocidental, em violação do Direito Internacional. O Marrocos praticamente detém o monopólio de fosfatos, um mineral insubstituível que é vital para a agricultura. O Saara Ocidental tem fosfatos, o que agora amplia o monopólio do Marrocos. Essa Aliança de Abraão combinou controle sobre recursos com poder militar e capacidade técnica (essa última principalmente israelense). O Egito formalmente não fez parte dela, mas tem uma relação aberta com Israel. Trata-se de uma aliança de Estados reacionários, que é uma parte central do programa internacional de Steve Bannon, mas é inerente à política estadunidense de tentar criar alianças dos Estados mais reacionários, que são a base para o poder dos Estados Unidos.

Entre esse conjunto de Estados reacionários estão os que fazem parte dos Acordos de Abraão, mais Egito, Arábia Saudita, a Hungria de Orban, o Brasil de Bolsonaro, a Índia de Modi (integrante perfeito, destruindo a democracia laica, criando uma etnocracia hindu, esmagando a Caxemira). Essa é a aliança. No Oriente Médio, ela é direcionada contra o Irã. Na América Latina, ela é direcionada contra Cuba e Venezuela. Enquanto isso, em todas essas partes do mundo, potências regionais estão tentando diminuir a tensão. Arábia Saudita e Irã estão se movimentando na direção de reduzir a hostilidade e estabelecer relações. Na América Latina, o novo ânimo na Comunidade de Estados Latino-Americanos e Caribenhos (Celac) é ilustrativa. Ele vai minar a política estadunidense nessas regiões, e é por isso que os Estados Unidos farão de tudo para evitá-la.

VIJAY: Dez anos atrás, eu estava em Doha falando com um ex-alto funcionário da inteligência do governo do Catar. Estávamos na estrada litorânea de onde pode-se ver o Irã às vezes. Ele me disse: "Temos um problema sério com a água potável no Catar". Metade vem da dessalinização e o resto vem de aquíferos (compartilhados com a Arábia Saudita). "Quinze anos atrás", disse ele, ou seja, na década de 1990, "nós tínhamos planejado construir um aqueduto do Irã para o Catar para trazer água doce". Isso soou fantasioso para mim, mas o que sei eu? Ele disse: "Você-sabe-quem vetou". Eu disse: "Por que vocês acataram o veto de você-sabe-quem?" Ele não respondeu. No Catar há uma enorme presença militar estadunidense, tornando o emirado na prática endividado aos Estados Unidos. Alguns dias depois, ele me levou de carro pela estrada que vai na direção da Arábia Saudita. Ao nos aproximarmos da base estadunidense, nosso carro foi parado e nos mandaram voltar para Doha. "Você era um alto funcionário da inteligência catari", eu lhe disse. "Sim", ele disse, sorrindo, "mas a palavra-chave aqui é 'catari'".

NOAM: É assim que se mostra a sua força.

Líbia

VIJAY: Caminhando em meio às ruínas da Primavera Árabe na Praça Tahrir, no Cairo, Egito, cerca de dois anos após as manifestações massivas de 2011, ficava claro para mim que uma combinação de oligarcas locais, militares de alta patente e os países ocidentais simplesmente não queriam que houvesse o desenvolvimento de regimes democráticos em países como o Egito. Era inaceitável. Uma verdadeira democracia no Egito, por exemplo, anularia o acordo de paz com Israel, já que esse é o ânimo geral no país. Uma democracia egípcia não se disporia a aceitar ordens dos Estados Unidos ou da Arábia Saudita quanto a suas relações com o continente africano. Mesmo o risco de que essas coisas acontecessem era demais para permitir. Os Estados Unidos tentaram fazer com que o presidente Hosni Mubarak negociasse com as multidões. O enviado de Obama, Frank Wisner Jr., chegou ao Cairo, com a Praça Tahrir transbordando de gente, para dizer a Mubarak que fizesse concessões modestas para evitar o avanço da democracia. A multidão não aceitou. Mubarak se foi. Mas os Estados Unidos – nos bastidores – garantiram que os militares permanecessem no controle, mexendo os pauzinhos, evitando o começo de um processo de redação de uma nova Constituição que teria democratizado a sociedade. A máscara caiu dois anos depois, quando o general Abd al-Fatah el-Sisi se tornou o presidente Abd al-Fatah el-Sisi, deixando no armário o seu uniforme, mas mantendo intacto seu poder militar. No ano seguinte, o ministro do Interior do Egito, general Mohammed Ibrahim, fez um comentário despretensioso que mostra a soberba da elite governante egípcia: "Estamos vivendo uma era de ouro de unidade entre juízes, a Polícia e o Exército".

Mais a oeste, na Líbia, o país havia sido estraçalhado pelo bombardeio da Otan de 2011, que deixou livre o caminho para os grupos islâmicos mais reacionários e para a entrada de um velho general apoiado pela CIA que se tornou um joguete (e disposto a tal papel) da Arábia Saudita, Egito, França e Rússia. Meus velhos amigos em Bengazi começaram a me advertir a não voltar ao país, e, em meio a essas advertências, alguns deles perderam a vida. No começo dos levantes na Tunísia e no Egito, você deu uma série de entrevistas em que falou da importância das manifestações massivas, mas você duvidava que os Estados Unidos permitiriam que elas avançassem a ponto de criar estruturas estatais democráticas. A guerra da Otan na Líbia, que começou em março de 2011, um mês após a renúncia de Mubarak, turvou toda a dinâmica (a luta armada na Síria começou alguns poucos dias antes de começar o bombardeio da Otan). O ataque da Otan contra a Líbia não foi entendido apropriadamente, assim como é mal-entendido o papel global da Otan. A guerra da Otan foi uma guerra horrenda, que mudou o tom da assim chamada Primavera Árabe, de manifestações pacíficas, para guerra civil, para ataque imperialista. Em 2014, você disse: "A missão oficial da Otan é controlar o mundo". Parece que a participação da Otan na guerra contra o Afeganistão (2001) e na guerra contra a Líbia (2011) ilustra essa missão de controlar o mundo.

NOAM: Até o colapso da URSS em 1991, havia uma lógica ao menos moderadamente plausível para a existência da Otan. Ela alegava ser uma aliança defensiva, que defendia a Europa Ocidental da assim chamada agressão soviética. Podemos discutir quão crível esse pretexto era, mas ao menos ele tinha um elemento de racionalidade por trás. Após o colapso da URSS, o pretexto entrou em colapso junto. Então, o que é a Otan no período pós-URSS? Logo antes do colapso da URSS, houve discussões entre George H. W. Bush e James Baker nos Estados Unidos, Helmut Kohl e Hans-Dietrich Genscher na Alemanha, e Mikhail Gorbachev na URSS, tentando entender que cara o mundo deveria ter no período pós-URSS. A visão de Gorbachev era de uma Eurásia unificada, uma zona integrada e de paz, do Atlântico até o Pacífico. A questão imediata era o que fazer com a Alemanha. Para a Rússia, a Alemanha não é um problema pequeno, já que no século anterior a Alemanha praticamente destruiu a Rússia – repetidamente. Se a Alemanha fizer parte de uma aliança militar hostil à Rússia, isso representa um risco extremo. Bush e Baker, com apoio limitado dos alemães, defenderam a unificação da Alemanha, e Gorbachev concordou, mas com uma concessão importante: que a Otan não crescesse nem um centímetro a leste da fronteira alemã. Ninguém estava falando sobre nada além disso. Tratava-se de um entendimento tácito, que pode ser lido nos arquivos alemães. Bush e Baker queriam que forças estadunidenses entrassem na antiga Alemanha Oriental, o que fizeram, ao passo que Kohl e Genscher não se entusiasmavam tanto com essa expansão. Gorbachev objetou. Mas os Estados Unidos indicaram que era um acordo de cavalheiros, e nunca foi posto no papel. Não existe um documento que diga que a Otan não se expandirá para o leste. "Se você é burro o suficiente para aceitar nossa palavra de honra", eles diziam nas entrelinhas, "isso é problema seu". O melhor estudo destas discussões foi publicado no periódico *Internacional Security*, de autoria de Joshua Itzkowitz Shifrinson, que argumenta que Bush e Baker ludibriaram Gorbachev conscientemente.[*]

Então, a Otan entrou na Alemanha Oriental. Clinton apareceu e expandiu a Otan ainda mais para leste, na direção da fronteira russa. A Ucrânia entrou para o programa da Otan, Parceria para a Paz, em 1994 e foi convidada em 2008 pelos Estados Unidos a se tornar membro efetivo. (Essa oferta foi vetada por França e Alemanha.) Quando a Rússia estava enfraquecida pela queda da URSS, os russos aceitavam coisas impostas pelos Estados Unidos.

---

[*] Joshua Itzkowitz Shifrinson, "Deal or No Deal? The End of the Cold War and the U.S. Offer to Limit NATO Expansion", *International Security* 40, n. 4 (Primavera de 2016).

À medida que a Rússia retomou sua força, particularmente sob Vladimir Putin, essas imposições pelos Estados Unidos passaram a não mais ser aceitas, e uma linha vermelha foi traçada.

A Otan foi reestruturada. Uma nova missão se fazia necessária. Anders Fogh Rasmussen, ex-primeiro-ministro da Dinamarca era secretário-geral da Otan nessa época. Em 2014, ele disse que o novo papel da Otan era proteger o sistema energético global. Bem, "segurança energética" significa controlar o mundo inteiro, já que há dutos e passagens marítimas por toda parte. A Otan transformou em arma a ideia de "direitos humanos" para dar a si mesma o direito único de intervir em qualquer lugar, usando a versão de R2P de Gareth Evans, ou seja, que a Otan – como organização regional – teria o direito de intervir sem uma resolução do Conselho de Segurança da ONU. Otan significa Estados Unidos. Ninguém faz nada na Otan sem que os Estados Unidos iniciem; em seguida outras potências podem decidir se aceitam ou não. A ideia era reconstruir a Otan para tornar os Estados Unidos o *hegemon* global, o que já era o caso em termos de poder, mas isso formalizou a questão. Então, não é meramente a missão oficial da Otan controlar o mundo, mas a Otan foi reconstruída como instrumento para os Estados Unidos tentarem controlar o mundo.

VIJAY: Três das grandes intervenções fora da Europa que os Estados Unidos iniciaram após o colapso da URSS – a saber, Iugoslávia (1999), Afeganistão (2001) e Líbia (2011) – não foram levadas a cabo diretamente como intervenções estadunidenses, mas à guisa de intervenções da Otan. Eles não puderam usar a Otan no Iraque porque a França e a Alemanha não estavam dispostas a aceitar aquilo. Você poderia nos explicar esse uso da Otan como instrumento de poder estadunidense nesses casos, talvez começando com a Iugoslávia e passando para a Líbia?

NOAM: Em 1995, a situação iugoslava, dentro do país, tinha se assentado. Todos os lados cometeram atrocidades. Na

Bósnia, os sérvios realizaram o ataque a Srebrenica, sobre o qual há muita informação. Os croatas realizaram os seus ataques com apoio estadunidense, o que levou à expulsão de cerca de 200 mil sérvios do território contestado. A situação, ainda que repulsiva, com todas as atrocidades recíprocas, atingira uma espécie de arranjo. Naquele momento, Clinton conseguiu intervir e juntar as diferentes forças para estabelecer o Acordo de Dayton, sob os auspícios estadunidenses. O Acordo de Dayton estabeleceu os Estados Unidos como força dominante na Iugoslávia. Em parte, tratava-se de um conflito entre os Estados Unidos e a Europa – ou seja, a Alemanha. Quem iria dominar a Iugoslávia? Seria a Alemanha ou os Estados Unidos? Clinton ficou de fora do conflito de 1991 (quando Eslovênia e Croácia saíram da Iugoslávia) até os preparativos para as conversações de Dayton. (Os itens principais do acordo estavam na mesa desde 1992, com a maioria das partes já tendo concordado com eles.) Os europeus tinham forças em campo, tentando manter a paz. Os Estados Unidos não tinham forças em campo. "Nós vamos fazer bombardeios aéreos", os Estados Unidos disseram, "mas não vamos pôr forças em campo". Os europeus não gostaram disso, pois significava que suas forças seriam alvos, em retaliação aos bombardeios estadunidenses. Os Estados Unidos usaram a Otan como disfarce, sem qualquer objeção séria no seio da organização. Foi o mesmo com o Afeganistão, que foi uma guerra estadunidense com disfarce da Otan.

A guerra da Otan na Líbia foi diferente. Ela foi iniciada pela França. Havia um conflito civil em andamento na Líbia, com as forças de Gaddafi fazendo ameaças contra Bengazi, que era o centro do levante rebelde. Naquele momento, as três grandes potências – Grã-Bretanha, França e os Estados Unidos – pressionaram pela aprovação de uma resolução no Conselho de Segurança da ONU, que a Rússia não vetou. Não apoiou, mas tampouco vetou. Assim como a China. A resolução era limitada. Ela dizia que a ONU autorizava o estabelecimento de uma zona de exclusão aérea para restringir o conflito e que os dois lados deveriam caminhar rumo a uma negociação. Gaddafi formalmente aceitou. A União Africana tinha sua própria proposta para avançar em direção às negociações, mas ela simplesmente foi rejeitada. Ninguém prestou atenção a isso. O que a África tem a dizer sobre o que acontece na África? Foram postos de lado.

VIJAY: Deixar a União Africana (UA) de lado é importante nessa história. Ela se envolveu no conflito líbio desde o seu início, em fevereiro de 2011, mas foi ao mesmo tempo flanqueada pelas potências ocidentais e prejudicada pela incoerência de seus Estados-membros. Por exemplo, em 17 de março de 2011, três Estados africanos (Gabão, Nigéria e África do Sul) votaram a favor da segunda resolução do Conselho de Segurança da ONU (Resolução 1973), que permitia que "Estados-membros" usassem "todas as medidas necessárias" sob o Capítulo VII da Carta da ONU. Essa resolução na prática abriu a porta para os Estados Unidos, França ou ambos a bombardear a Líbia sob a insígnia da Otan. Cada um desses Estados poderia ter votado contra a resolução ou ao menos ter se abstido, mas votaram a favor. (Brasil, Alemanha, Índia, China e Rússia se abstiveram; nenhum país votou contra.) Os Estados africanos deram cobertura a um ataque imperialista contra um Estado africano coirmão. A França liderou o bombardeio da Líbia dois dias depois, em 19 de março.

No mesmo dia em que o bombardeio começou, o Comitê *Ad Hoc* de Alto Nível da União Africana para a Líbia – que incluía o presidente Jacob Zuma, da África do Sul, que votara a favor da resolução dois dias antes – soltou um comunicado convocando todos os lados a parar com os combates e defendendo reformas políticas na Líbia. O tom do comunicado é anacrônico, pois o bombardeio já começara quando ele foi divulgado. No comunicado, a União Africana indicava algo significativo, mas que teve uma repercussão mínima:

> Os integrantes do Comitê *Ad Hoc* de Alto Nível lamentaram não poder, como imaginado, viajar à Líbia, em 20 de março de 2011, para se reunir com as partes, ambas as quais haviam acordado tratar

com ele. O Comitê, em conformidade com a Resolução 1973 (2011) do Conselho de Segurança das Nações Unidas, requisitou a necessária permissão para o voo que levaria seus integrantes à Líbia, de modo a cumprir seu mandato. A permissão foi negada ao Comitê.

A frase chave do comunicado está na voz passiva. A "permissão foi negada" por quem? Isso nunca foi esclarecido oficialmente. Contudo, na época, funcionários da ONU me contaram que foram informados pelo comando da Otan que o bombardeio iria prosseguir, e que a segurança do voo deles para a Líbia não podia ser garantida. Em outras palavras, o Ocidente impediu que a União Africana tentasse usar "todas as medidas" para levar as partes à mesa de negociação antes que a guerra escalasse pelo bombardeio da Otan. A delegação da União Africana só chegou a Trípoli, Líbia, em 11 de abril, quando Jacob Zuma liderou uma equipe de cinco integrantes para falar com Gaddafi. Enquanto as bombas continuavam castigando a Líbia, Gaddafi concordou com a rota para a paz proposta pela União Africana. Zuma, que se reuniu com Gaddafi, disse à imprensa que Gaddafi passaria a respeitar um cessar-fogo tão logo isso fosse acordado em Bengazi pela liderança dos rebeldes. Porém, dada a vantagem oferecida pela cobertura aérea da Otan, a liderança rebelde recusou a oferta quando a delegação da União Africana foi a Bengazi.

É revelador que o filósofo francês Bernard-Henri Lévy, que foi a Bengazi em março, tenha conseguido levar setores da liderança rebelde de Bengazi para se reunir com o presidente francês Nicholas Sarkozy, em 10 de março, mas à liderança da União Africana não foi permitida uma discussão apropriada com eles. A propósito, essa liderança de Bengazi era composta por consultores financeiros de emires do Golfo e empresários líbios que moravam no Ocidente há décadas. Sarkozy disse à liderança de Bengazi que mesmo se a França não conseguisse obter uma resolução adequada do Conselho de Segurança da ONU – o que ela conseguiria uma semana depois –, a França se juntaria à Grã-Bretanha e usaria a cobertura de organizações regionais (a fórmula Gareth Evans), tais como a União Europeia, a Liga Árabe e a União Africana, para atacar a Líbia. "Minha determinação é total", Sarkozy lhes disse. A decisão de bombardear a Líbia fora tomada muito antes dos canais de negociação serem exauridos.

A Anistia Internacional – liderada por Donatella Rovera – conduziu importantes estudos de campo sobre o impacto do bombardeio, apurando que o bombardeio da Otan havia assassinado um incontável número de civis, obliterado a infraestrutura do país e causado um dano irreversível às instituições do Estado. (Um relatório-chave, de março de 2012, é intitulado *The Forgotten Victims of NATO Strikes* [As vítimas esquecidas dos ataques da Otan]). A Otan bombardeou áreas onde Gaddafi tinha apoio considerável, o que quer dizer que ela não estava bombardeando meramente para proteger civis, mas também para atacar civis que apoiassem Gaddafi. Isso era uma violação direta da Resolução 1973 do Conselho de Segurança da ONU.

NOAM: A França violou a Resolução 1973 do Conselho de Segurança e se tornou a força aérea da oposição. A Grã-Bretanha a seguiu. Quais eram os motivos da França? Havia o jogo de cena usual, com Bernard-Henri Lévy fazendo discursos apaixonados, porém vazios, sobre como temos que proteger os direitos humanos e sobre a glória da França. Podemos deixar essa parte de lado. Não temos acesso aos arquivos franceses, mas presume-se que seus motivos fossem fortalecer sua posição no Norte e Oeste da África, inclusive com relação ao Níger, de onde a França extrai urânio para suas usinas nucleares. A França também tem uma fantasia sobre seu legado colonial, então a guerra foi como outras guerras coloniais – brutal e dura. A Grã-Bretanha aceitou tudo aquilo, e depois Obama se juntou, liderando da retaguarda, como ele dizia. A Grã-Bretanha e os Estados Unidos se incorporaram também violando a resolução do Conselho de Segurança da ONU, porque eles também se tornaram a força aérea da oposição, bombardeando alvos governamentais longe das linhas de frente. Nenhuma negociação foi permitida, nem pela União Africana nem pela ONU. As forças de oposição, apoiadas pela Otan, conseguiram conquistar mais território, finalmente atingindo Sirte, onde Gaddafi estava escondido, finalmente o assassinando brutalmente. Hillary Clinton fez seu famoso comentário sobre o grande triunfo de assassinar Gaddafi, um comentário de mau gosto, digno de senhores imperiais.

A Líbia se dividiu em territórios controlados por milícias em guerra, houve um número enorme de vítimas, o país se estilhaçou, o povo foi arrasado. Se a Otan não tivesse bombardeado, teria havido um número tão grande de vítimas em Bengazi? Não sabemos. Mas o que, sim, sabemos é que a devastação da guerra foi bem pior que qualquer coisa que poderia ser plausivelmente prevista, o que talvez pudesse ter sido evitado pela União Africana. A região inteira – o Norte da África – sentiu o impacto negativo da guerra. Um enorme fluxo de armas se alastrou da Líbia pelo norte e oeste da África, apoiando todo tipo de grupos terroristas islâmicos, tais como o Isis e outras derivações. Essas guerras, que atingiram o Mali e a Nigéria, produziram seus próprios fluxos de migrantes rumo à Líbia e à Europa, se juntando a migrantes que já estavam na estrada, fugindo do completo desastre que o colonialismo europeu deixou para trás na África. Há uma boa matéria, de autoria de Ian Urbina, na revista *New Yorker*, sobre os campos de concentração hediondos montados no litoral líbio com o apoio da União Europeia, administrados por gangues criminosas líbias, onde se congregam refugiados tentando fugir para a Europa.* Eles são mantidos lá para garantir que nunca cheguem ao Mar Mediterrâneo. Os europeus e os Estados Unidos têm bases militares no Sahel para barrar migrantes antes mesmo que cheguem à Líbia. Se os migrantes alcançam o Mediterrâneo, isso gera problemas jurídicos para a Europa, pelo menos formal-

---

* Ian Urbina, "The Secretive Prisons that Keep Migrants Out of Europe", *New Yorker*, 28 de novembro de 2021.

120 A RETIRADA

mente, já que a proibição do *refoulement* [devolver refugiados a lugares onde sofrerão perseguição] impedirá que sejam recusados. O *refoulement* é um crime grave no Direito Internacional, então os refugiados que conseguem chegar às águas europeias precisam ser aceitos. Eles querem evitar isso e ao mesmo tempo manter a imagem da Europa como um lugar decente e respeitador das leis. Para fazê-lo, os europeus financiam a assim chamada Guarda Costeira Líbia, que basicamente é uma operação de gângsters. Essa operação recebe barcos, equipamento e dinheiro dos europeus. Então, os europeus enviam os refugiados ou para campos de concentração desumanos ou de volta para seus países, de onde fugiram porque os acham inabitáveis (resultado de centenas de anos da devastação principalmente europeia da África, que é bem séria). Essa é a Líbia hoje.

Há dois governos concorrentes: o governo em Trípoli apoiado pelos turcos, que é o governo reconhecido pela ONU, e o governo em Haftar, apoiado pela Rússia (e pela Arábia Saudita). Apesar desta ilusão desses dois governos, o país é um desastre absoluto, cheio de guerra e gangues. A intervenção da Otan teve um efeito devastador sobre a Líbia, que se espalhou pela região e pelo Oriente Médio.

VIJAY: Após alguns meses, quando os bombardeios da Otan começaram a diminuir de intensidade, muita gente – como membros do secretariado da ONU, de organizações de direitos humanos e jornalistas – escreveu para a Otan para pedir que liberassem detalhes das missões de bombardeio para poder haver uma contagem clara das vítimas civis. Era obrigatório que a ONU produzisse um relatório sobre a Resolução 1973 do Conselho de Segurança. A ONU criou a Comissão Internacional de Inquérito sobre a Líbia e empossou na presidência o jurista canadense Philippe Kirsch. Ele havia sido o primeiro presidente do Tribunal Penal Internacional, de 2003 a 2009, então ele sabia uma coisa ou outra sobre Direito Internacional e crimes de guerra. A comissão pediu que a Otan fornecesse detalhes sobre o bombardeio da Líbia. Em 15 de fevereiro de 2012, Peter Olson, o principal advogado da Otan, escreveu para a comissão para dizer que ela não havia violado, no sentido literal, a resolução da ONU. Gaddafi, Olson escreveu, tinha "cometido sérias violações do Direito Internacional", mas não a Otan:

> Nos causaria preocupação, contudo, se 'incidentes Otan' fossem incluídos no relatório da Comissão como se fossem equivalentes com aqueles que a Comissão em última instância venha a concluir que, sim, violaram a lei ou constituem crimes. Com relação a isto, observamos que o escopo da Comissão é discutir 'os fatos e circunstância de [...] violações [da lei] e [...] crimes perpetrados'. Nesse sentido, solicitaríamos que se a Comissão optar por incluir uma discussão das ações da Otan na Líbia, seu relatório afirme claramente que a Otan não alvejou civis deliberadamente e não cometeu crimes de guerra na Líbia.

Nenhuma investigação é necessária, já que a Otan, *ipso facto*, "não alvejou civis deliberadamente" e, portanto, "não cometeu crimes de guerra". Caso encerrado.

NOAM: Olson está certo. Trata-se de um axioma. Otan significa os Estados Unidos, e os Estados Unidos, por definição, não podem cometer crimes. Mesmo nos cânones do Direito Internacional, os Estados Unidos não podem cometer crimes de guerra. Quando eles aceitaram a jurisdição da Corte Internacional, inseriram uma disposição dizendo que não se obrigam a cumprir a Carta da ONU ou a Carta da Organização de Estados Americanos (OEA). Esse é o texto que os Estados Unidos inseriram como parte da "aceitação de jurisdição" em 1946. Esses são os fundamentos do Direito Internacional moderno. Os Estados Unidos, desde o começo, insistiram que não se submeteriam nem à Carta da ONU nem à Carta da OEA. Portanto, o país tem o direito legal de cometer crimes de guerra, até de cometer genocídio. Quando os Estados Unidos assinaram a convenção sobre genocídio em 1988 – após uma batalha de 37 anos no Senado estadunidense –, acrescentaram uma ressalva dizendo que não se aplicava a eles. O tribunal da Corte Internacional de Justiça que abordou a acusação iugoslava contra a Otan em 1999 permitiu que os Estados Unidos se distanciassem e não se sujeitassem ao indiciamento iugoslavo porque incluía a palavra *genocídio* e os Estados Unidos – por lei – têm direito de praticar genocídio. Em geral, os Estados Unidos têm permissão legal para cometer qualquer crime, e o sistema judicial internacional aceita isso como deve, porque a Corte Internacional aceita a condição de que se um país não se sujeita a decisões judiciais, então ele não pode ser processado. É assim que o sistema é montado. Então Olson estava correto. A Otan, ou seja, os Estados Unidos, não pode cometer crimes de guerra.

VIJAY: É provável que, com a exceção de especialistas em Direito Internacional em faculdades de Direito, as pessoas nada saibam sobre a disposição que permite aos Estados Unidos driblar as regras do mundo. Nada disso é ensinado em escolas ou universidades, nem discutido nos meios de comunicação. Os níveis de conhecimento sobre essas questões são mantidos baixos quase que de propósito. Atualmente, nos Estados Unidos, várias escolas de pensamento – como a teoria crítica da raça e os estudos étnicos – estão sendo questionadas. Elas são vistas como antiestadunidenses e, portanto, requerem supressão formal.

NOAM: O público em geral não sabe absolutamente nada sobre isso. Simplesmente não faz parte dele. Se alguém ousasse levar isso para dentro do sistema educacional, seria amplamente denunciado como um comunista antiestadunidense. Na década de 1960, como consequência do ativismo de uma série de grupos, o país começou a ficar mais civilizado, começou a se preocupar com os direitos dos afrodescendentes, das mulheres, dos trabalhadores, e começou a abrir a porta a discussões sobre liberdade de expressão. Essas questões subiram na pauta do país e tiveram um forte efeito civilizatório na sociedade estadunidense. Os intelectuais liberais encaravam isso como "o tempo das perturbações" (a frase comum nesses círculos) em vez de um período de civilização. Em 1973, David Rockefeller formou a Comissão Trilateral, composta de membros da América do Norte, Europa Ocidental e Japão; eram pessoas que representavam a opinião da elite internacional, liberal, intelectual. (Os quadros do governo Carter vinham desse meio.) Sua primeira publicação se chama *The Crisis of Democracy* [A crise da democracia] (1975). Trata-se da opinião liberal de elite que condenou o que houve na década de 1960 porque esses novos movimentos levaram a uma crise da democracia. Esses "interesses especiais" – jovens, idosos, mulheres, trabalhadores, agricultores, minorias – que deveriam ser passivos e obedientes tinham começado a entrar na arena pública com suas pautas e demandas. O Estado, diziam eles, não consegue lidar com essas pressões, então esses interesses especiais devem voltar à obediência e à passividade para que possamos ter uma democracia real. Samuel Huntington, um dos autores do estudo e professor de Ciência Política em Harvard, afirmou que, na época de Harry Truman, os Estados Unidos eram uma verdadeira democracia porque Wall Street e o setor empresarial administravam o país sem interferência. Huntington era uma liderança da intelectualidade liberal que queria uma democracia sem o barulho dos interesses especiais que haviam perturbado aquele consenso na década de 1960. A teoria de Huntington não tinha nada fora do comum, pois era a teoria liberal-democrática padrão. A Comissão Trilateral se preocupava com o fato de as universidades e igrejas terem fracassado em sua responsabilidade de "doutrinar os jovens". Elas tinham fracassado na tarefa de doutrinar os jovens a serem passivos e obedientes. Portanto, a Comissão Trilateral tinha que mudar essa situação. Na realidade, na sequência, as universidades mudaram consideravelmente, de modo a exercer um controle mais efetivo e avançar a doutrinação, impondo seus modelos de negócios ao currículo e ao corpo docente. Essa é a extremidade liberal do espectro, que forma o pano de fundo cultural para o ataque neoliberal que se acentuou nas décadas seguintes. É preciso destruir as reservas da resistência popular – sindicatos e organizações políticas. Nenhuma interferência era permitida nos direitos dos muito ricos e do setor empresarial de fazer o que quisessem.

Quando o livro *The Crisis of Democracy* foi publicado, eu imediatamente pedi à biblioteca do MIT que comprasse uma dezena de exemplares porque eu achava que ele se esgotaria (e não seria reimpresso) assim que alguém de fato o lesse. Foi o que aconteceu. O livro rapidamente se esgotou. Anos depois, quando as pessoas tinham se esquecido de suas implicações, ele reapareceu, então hoje em dia é possível comprar um exemplar. Mas, na época, pelo menos os alunos do MIT conseguiam acessá-lo por intermédio de subversivos como eu. Essas são partes críticas do que aconteceu em termos de grandes mudanças culturais. Uma doutrinação efetiva tinha que ser conduzida para que ninguém aprendesse coisas como as que estamos discutindo aqui, coisas que têm registros públicos, mas que somente são acessíveis se você sabe onde encontrá-las. Você teria que procurar com afinco para encontrar um curso nos Estados Unidos em que isso fosse discutido.

VIJAY: É quase impossível encontrar qualquer discussão real sobre as questões subjacentes às disputas políticas que ocorrem na primeira página dos jornais ou nas principais matérias do jornalismo televisivo. Por exemplo, haverá matérias sobre a crise dos refugiados no Mediterrâneo, haverá matérias sobre o impasse Otan-Rússia na fronteira da Ucrânia, e haverá matérias sobre as negociações em Viena sobre o acordo nuclear com o Irã. Mas essas são todas questões entrelaçadas. Rapidamente, e graças a conflitos impostos pelos Estados Unidos, a Europa perdeu acesso a suas três fontes de energia: Irã, devido ao regime de sanções implantado a partir de 2006; Líbia, devido à guerra da Otan em 2011, que desmantelou toda a infraestrutura petrolífera e a base jurídica da propriedade do petróleo; e Rússia, devido ao conflito relacionado à

Ucrânia em 2014. A Europa perdeu acesso a gás natural e petróleo. O interesse europeu parecia totalmente esquecido.

NOAM: O caso da Líbia não foi previsto. Eles não tinham a expectativa de destruir a Líbia. Ela tem um ótimo petróleo; ele é muito acessível e fica perto da Europa. Acesso ao petróleo líbio certamente era uma meta da intervenção da Otan. Foi uma dessas coisas infelizes que dá errado. No caso do Irá, a Europa quer ter acesso ao mercado iraniano, mas aí surge uma consideração superior, ou seja, que não há apetite para um confronto com os Estados Unidos. Essa é uma questão para a Europa desde a Segunda Guerra Mundial. Houve esforços na Europa para atuar com mais independência: Charles de Gaulle tentou, e a *Ostpolitik* – os gestos de paz da Alemanha Ocidental para o Leste – foi um esforço nessa direção. Mas eles sempre foram reprimidos, e a classe dominante europeia – o mundo dos negócios, a elite política – acaba sempre decidindo simplesmente ser subordinada dos Estados Unidos e fazer parte do sistema estadunidense. A ideia de Gorbachev de criar uma Eurásia unida nunca se efetivará por causa do poder avassalador estadunidense, que não apoia o autointeresse das classes dominantes europeias. A Europa certamente tem a capacidade de desenvolver seu próprio sistema financeiro e desafiar a dominação estadunidense das redes financeiras, mas isso seria num mundo bem diferente. Significaria o mundo se fragmentando em tipos diferentes de blocos, com os Estados Unidos vinculados à Grã-Bretanha e outras potências atlânticas (o Canadá, por exemplo) e a Europa vinculada à Rússia e à China. A classe dominante europeia nunca quis isso, já que seu setor empresarial é altamente interconectado com os Estados Unidos, a ponto de serem quase indistinguíveis.

É um conflito constante no seio da classe dominante europeia e das classes dominantes de diferentes países e setores europeus. Isso fica claro com relação ao gasoduto Nord Stream 2. Importantes setores da classe dominante alemã querem o gasoduto vindo da

Rússia. Os Estados Unidos querem barrá-lo, assim como as partes da Europa que são dependentes dos Estados Unidos. A relação entre Estados Unidos, Europa e energia tem raízes no período pós-guerra. O Plano Marshall, acionado após a Segunda Guerra Mundial, em grande medida era um programa dos Estados Unidos para converter a base da matriz energética da Europa do carvão mineral para o petróleo. O carvão era abundante na Europa, que não tinha petróleo. Se ela passasse a depender de petróleo, os Estados Unidos teriam "poder de veto" (frase de George Kennan, se referindo especificamente ao Japão) sobre o continente, porque os Estados Unidos controlariam o fornecimento de energia. Cerca de 10% dos recursos do Plano Marshall – em torno de US$1,2 bilhão – foram circulados entre bancos estadunidenses para converter a Europa numa economia baseada no petróleo. Esse petróleo não ia sair dos Estados Unidos, mas do Oriente Médio. Em 1950, 85% da demanda europeia por petróleo era satisfeita pelo Oriente Médio, que os Estados Unidos controlavam e com o qual lucravam. O mesmo processo foi imposto ao Japão. À medida que a Europa Ocidental e o Japão foram convertidos em economias baseadas no petróleo, os Estados Unidos passaram a deter poder de veto sobre elas. Zbigniew Brzezinski disse que era contra a invasão estadunidense do Iraque, mas já que ia acontecer de qualquer forma, ele entendia que isso permitiria que os Estados Unidos controlassem o petróleo iraquiano e assim melhorasse sua posição de barganha face à Europa. Esse tipo de pensamento nunca esteve longe das considerações da classe dominante. A Europa consistentemente escolheu ser uma subordinada dos Estados Unidos em vez de se aventurar sozinha. É claro que a Europa poderia se aventurar sozinha, já que tem uma população maior que a dos Estados Unidos, mais riqueza e uma população mais educada. Se a Europa se aventurar sozinha, isso constituirá uma reorientação radical do sistema mundial.

Fragilidades do poder estadunidense

VIJAY: Quando a Rússia invadiu a Ucrânia, os Estados Unidos pressionaram a Alemanha para proibir a importação de gás natural e impedir a certificação do gasoduto Nord Stream 2. O primeiro-ministro da Alemanha, Olaf Scholz, disse que tal proibição mergulharia o país numa recessão terrível. A hesitação da Alemanha com relação ao gasoduto Nord Stream 2 tem implicações tanto comerciais quanto geopolíticas. O gasoduto e sua construção envolvem empresas de uma série de países, incluindo Suíça e China. O gás natural iria para a Europa, oriundo de jazidas que agora também fornecerão à China por meio do complexo de gasodutos Power of Siberia 2. Isso significa que a Rússia não vai mais depender do mercado europeu. Ela tem tentado deixar sua economia "à prova de sanções", reduzindo as reservas em dólar em seu banco central (aumentando as reservas em euros, ouro e renminbi), além de diminuir sua dependência do Ocidente com relação aos títulos de sua dívida pública. Isso obviamente deixou a Rússia menos vulnerável a sanções, a choques externos futuros e a vendas repentinas de ativos. A palavra-chave aqui é "menos". As sanções aplicadas após a invasão russa da Ucrânia tiveram um impacto não só na Rússia, mas também nos Estados da Ásia Central – que são integrados na economia russa – e, devido ao fato de Ucrânia e Rússia serem grandes fornecedores de grãos ao mundo, sobre o sistema mundial de alimentos. Os novos arranjos criados pela Rússia antes da guerra – como o acúmulo de títulos em renminbi e a tentativa de criar um sistema de transferências interbancárias alternativo à rede Swift baseada na Europa – seguem a gradual aproximação entre Rússia e China, que eram adversárias

128 A RETIRADA

durante a Guerra Fria, mas agora são aliadas próximas. As relações se baseiam em um entendimento comum da necessidade da multipolaridade em vez de um sistema dominado pelos Estados Unidos, bem como de benefícios comerciais e de segurança mútuos que vêm surgindo nas últimas décadas. A crescente fragilidade do poder estadunidense chega em um momento em que a China emerge com autoconfiança, suas indústrias de ciência e tecnologia estão em alta e sua recuperação da crise de covid-19 é exemplar. A guerra híbrida contra a China imposta pelos Estados Unidos é parte de uma frustração geral com as empresas ocidentais, que não conseguem concorrer com o dinamismo das empresas chinesas, particularmente nos setores de tecnologia avançada. A Otan começou a afirmar sua nova identidade de marca, a Otan Global. Como parte dessa nova marca, ela argumenta que seu adversário principal é a China. Trata-se de um conflito do qual não há uma retirada possível, porque é um conflito existencial. A Otan está em meio a um confronto perigoso com a Rússia e a uma séria escalada contra a China, reforçando bases ao redor da China e militarizando o Círculo Polar Ártico.

NOAM: Bem, Rússia e China foram inimigas implacáveis ao longo de toda a década de 1960. Na verdade, estiveram em guerra, com sua longa fronteira altamente fortificada. Nas últimas décadas, Rússia e China desenvolveram relações de maior cooperação. A China tenta integrar a Ásia Central, a África e, na medida do possível, a América Latina a um sistema baseado na China. A Organização para a Cooperação de Xangai (OCX) tem sido o arcabouço oficial para esse desenvolvimento, e a Iniciativa Cinturão e Rota (ICR) é o eixo comercial. A OCX agora inclui todos os Estados da Ásia Central, assim como Rússia, Índia, Paquistão, Irã, possivelmente o Afeganistão em breve, almejando a Turquia e então a Europa Oriental e talvez Central. Os Estados Unidos se candidataram ao *status* de observador, não membro, o que foi rejeitado. A OCX está construindo uma rede na Eurásia da maneira como Gorbachev imaginou. Se os chineses conseguirem integrar as potências europeias nessa rede por meio da ICR e do Nord Stream 2, se a Rússia e a China conseguirem continuar a cooperar, então no longo prazo haverá esse tipo de integração continental.

Os chineses estabeleceram mil escolas vocacionais no Sudeste da Ásia e na África para formar estudantes nas novas tecnologias chinesas. São tecnologias eficientes que integrarão esses países e seu desenvolvimento ao sistema ICR baseado na China. Os chineses estão compartilhando essa tecnologia em partes muito pobres do mundo a preços que são razoáveis para essas economias. Eles desenvolveram tecnologias de ponta em robótica, energia verde e telecomunicações. A propósito, é um tema que me toca pessoalmente. Onde moro, uma área parcialmente rural, o serviço de internet é bem ruim. Se pudéssemos trazer a tecnologia da Huawei, teríamos internet 5G. Nós precisamos urgentemente de painéis solares, e os mais avançados tecnologicamente e mais baratos são os chineses.

Os líderes chineses compreendem muito bem que as rotas comerciais marítimas de seu país estão circundadas por potências hostis, do Japão aos Estreitos de Malaca e além, apoiadas pelo avassalador poder militar estadunidense. Com isso em mente, a China está expandindo no sentido oeste com amplos investimentos e movimentos cuidadosos rumo à integração; está construindo uma versão modernizada das antigas rotas da seda, com a intenção não apenas de integrar a região sob influência chinesa, mas também de alcançar a Europa e as regiões produtoras de petróleo do Oriente Médio. Ela está despejando quantias enormes na criação de um sistema integrado energético e comercial asiático, com extensas linhas férreas de alta velocidade e redes de energia. Um elemento do programa é uma rodovia que passa por algumas das montanhas mais altas do mundo e desemboca no porto de Gwadar, no Paquistão, desenvolvido pelos chineses, que protegerá o suprimento de petróleo da potencial interferência estadunidense. O programa talvez possa – assim esperam China e Paquistão – induzir o desenvolvimento industrial no Paquistão, o que os Estados Unidos não fizeram, apesar de fornecer ajuda militar maciça, e também servir de incentivo para o Paquistão reprimir o terrorismo doméstico, uma questão séria para a China em sua província ocidental de Xinjiang. Gwadar será parte do "colar de pérolas" da China – bases que estão sendo construídas ao longo do Oceano Índico com propósitos comerciais, mas potencialmente também para uso militar, com a expectativa de que a China possa um dia projetar seu poder até o Golfo Pérsico pela primeira vez na era moderna.

Toda essa movimentação permanece imune ao poder militar avassalador de Washington, com exceção de um aniquilamento por guerra nuclear, que também destruiria os Estados Unidos. Em 2015, a China também estabeleceu o Banco Asiático de Investimento em Infraestrutura, sendo ela própria a principal acionista. Cinquenta e seis nações participaram da abertura em Beijing, em junho de 2015, inclusive aliados dos Estados Unidos como Austrália, Grã-Bretanha e outros, que se integraram desafiando os desejos de Washington. Os Estados Unidos e o Japão não compareceram. Alguns analistas creem que o novo banco pode acabar virando um concorrente das instituições de Bretton Woods (o FMI e o Banco Mundial), nas quais os Estados Unidos detêm poder de veto. Há também alguma expectativa de que a OCX possa acabar se tornando um contraponto à Otan.

Se voltarmos à questão do Afeganistão, existem duas abordagens para lidar com a imensa crise de lá. A abordagem estadunidense é deixar o país sob um bloqueio. A outra, da OCX, é tentar integrar o Afeganistão ao enorme sistema da Eurásia. Eles afirmam:

> O Talibã é o governo. Temos que lidar com eles. Tentaremos induzi-los a se tornar mais inclusivos, talvez a moderar seu comportamento. Vamos torcer para mudar a economia, de produtora de heroína para o Ocidente para produtora de minérios, na qual ela

é rica e que nós na China teremos prazer de utilizar. Seguiremos nessa direção e ofereceremos ajuda imediata para acabar com a crise humanitária.

O plano, portanto, é impedir que a China se desenvolva. Boa parte da política estadunidense sob Trump e depois sob Biden tem sido tentar bloquear a ameaça do desenvolvimento chinês. Eles continuam tentando proibir a tecnologia da Huawei porque esta supostamente contém programas espiões; não poderiam imaginar que uma tecnologia estadunidense estivesse rotineiramente infectada com programas espiões (para espionar a correspondência de aliados europeus, como se descobre ocasionalmente). A China se recusa a entregar seus avanços tecnológicos. Ela não se intimida e não segue ordens. Ela é como Cuba, mas imensamente mais poderosa. Esse é o verdadeiro problema para os Estados Unidos e poderia levar à guerra. Se levar à guerra, como você disse, essencialmente seria o fim para todo o mundo. Os Estados Unidos e a China simplesmente precisam cooperar para o mundo poder sobreviver.

Os Estados Unidos acusam a China de ser contra a "ordem com base em regras". Mas lembre-se de que, de fato, há duas concepções concorrentes de ordem mundial sobre a mesa. A "ordem com base em regras" é apoiada pelos Estados Unidos, que definem o sistema da seguinte maneira: "Se você segue os Estados Unidos, então você está seguindo as regras". O outro sistema é a ordem internacional baseada na ONU, fundamentada na Carta da ONU, que é defendida e frequentemente seguida pelos chineses.

VIJAY: Os Estados Unidos, que continuam a aumentar seus gastos militares, sugerem que os chineses são a ameaça ao sistema mundial. Pelas estimativas do Instituto Internacional de Pesquisa para a Paz de Estocolmo (Sipri), os Estados Unidos gastaram pelo menos US$778 bilhões nas suas Forças Armadas em 2020, ao passo que a China gastou US$252 bilhões. Não convertamos as quantias para gastos *per capita*, nem pensemos nos gastos histo-

132 A RETIRADA

ricamente; em ambos os critérios os Estados Unidos superam de longe os gastos militares chineses. Não obstante, é a China que está posicionada no discurso geral ocidental como uma ameaça.

NOAM: No *The New York Times*, David Sanger e William Broad, dois dos seus principais correspondentes para assuntos militares, descrevem a preocupação das Forças Armadas estadunidenses com o acúmulo militar chinês.[*] Os chineses estão ameaçando as defesas antimísseis estadunidenses nos mares ao redor da China e estão construindo uma fração mínima do número de mísseis nucleares que os Estados Unidos têm. Há algo faltando nessa cobertura. Não se trata apenas dos sistemas de defesa antimíssil estadunidenses. A costa leste da China é circundada por bases estadunidenses com mísseis nucleares apontados para a China. Que tal? Os chineses estão preocupados? Nós estaríamos preocupados se a China tivesse dezenas de bases ao longo do litoral Pacífico ou Atlântico, com mísseis nucleares apontados para os Estados Unidos? Isso nos incomodaria? Bem, não nos incomodaria, porque destruiríamos o mundo para garantir que não acontecesse. Mas isso nem é mencionado. Tudo o que é mencionado é que eles estão ameaçando nossos meios de defesa nos mares ao redor da China. Não haverá uma carta ao editor a respeito, porque é um fato dado. Nós temos o direito de nos defender da China apontando mísseis nucleares a ela. Um submarino nuclear estadunidense com mísseis Trident pode destruir quase 200 cidades em qualquer parte do mundo. Um submarino. E são vistos como antiquados. Então, os Estados Unidos têm que construir novos e mais avançados submarinos e sistemas de mísseis. Isso é visto como uma ameaça a alguém? Não. "Meu deus, como poderia? Somos como deuses. Como é que pode alguém se sentir ameaçado por nós!?"

---

[*] David Sanger e William Broad, "As China Speeds Up Nuclear Arms Race, the U.S. Wants to Talk", *New York Times*, 28 de novembro de 2021.

Os militares estadunidenses estão nos impelindo à destruição por meio da guerra nuclear e da catástrofe climática. Não satisfeitos em poder destruir o planeta várias e várias vezes, agora estamos levando nossas ambições militares ao espaço. Todo governo estadunidense aumenta os gastos militares. Nenhum os reduz. Seria preciso uma fração dos gastos militares para investir na infraestrutura em deterioração e cuidar das necessidades sociais. Mas não se pode tocar nos gastos militares. É quase surreal. O caso dos mísseis, por exemplo. Qualquer analista de estratégia sabe que mísseis terrestres são uma ameaça maior para o país que os tem do que para o adversário. Os Estados Unidos têm cerca de mil mísseis terrestres. Todos estão na mira; qualquer adversário sabe exatamente onde estão com uma precisão de cerca de dois quilômetros. Se uma ameaça se desenvolve, o adversário pode destruir esses mísseis. O comando estadunidense sabe disso e os chama de mísseis "use-os ou perca-os". Ou você os dispara imediatamente ou você os perde. Isso significa que se houver tensão em qualquer parte do mundo, você tem a necessidade de disparemos á-los. Usá-los significa que você será destruído por um ataque retaliatório. Agora eles estão atualizando o sistema de mísseis terrestres. Seria uma grande vantagem para a segurança dos Estados Unidos se eles simplesmente fossem destruídos. E nem precisaria haver reciprocidade. Se os russos querem fazer mal a si mesmos, tudo bem. Que o façam em virtude de ter mísseis terrestres. Até sua destruição unilateral seria vantajosa. Mas, em vez disso, eles estão sendo atualizados. O Pentágono foi esperto. Eles distribuem esses mísseis terrestres por áreas rurais em muitas partes do país onde o deputado local vai garantir que eles permanecerão lá. Porque eles trazem um ou outro emprego para a comunidade local. E especialmente com a globalização neoliberal e a destruição por ela promovida nas zonas rurais dos Estados Unidos, elas se agarram a essas coisas. Então, há forças locais que dizem: "Vamos correr o maior perigo possível". E não se pode mexer com as Forças Armadas, assim como não se pode mexer com as empresas de combustíveis fósseis ou os bancos.

Entendeu? São falhas institucionais que são extremamente profundas, e elas simplesmente precisam ser superadas rapidamente, do contrário estamos acabados. Não dá para sobreviver nessa sociedade disfuncional. Impossível.

VIJAY: Nosso mundo realmente entrou em uma fase disfuncional. A intervenção militar russa na Ucrânia em fevereiro de 2022 nos colocou mais perto do aniquilamento. Houve até falas irresponsáveis sobre guerra nuclear. É claro que essa guerra, como outras anteriores, é horrenda. A divisão internacional da humanidade mais uma vez mostrou a cara, com falas sobre esse ser um conflito a se levar em consideração por causa dos olhos azuis e cabelos loiros envolvidos, ao passo que a brutalidade infligida ao Iraque e ao Iêmen é deixada de lado.

NOAM: Não se esqueça do Afeganistão. Milhões enfrentam a possibilidade iminente de passar fome, os Estados Unidos roubam os recursos afegãos, as pessoas que têm contas bancárias não conseguem acessá-las para comprar comida. Esse talvez seja o mais cruel dos crimes atuais, após 20 anos espancando o país até virar pó.

VIJAY: Seria justo fazer a seguinte pergunta: essa guerra tem o potencial de mudar a ordem mundial ou está meramente acelerando mudanças que já estavam ocorrendo?

Entre as muitas decorrências dessa guerra, duas estão evidentíssimas. A primeira é que os Estados Unidos vão conseguir reavivar o *status* subordinado da Europa. Todo o papo de "gaullismo" em escala continental, por meio da Política Externa e de Segurança Comum (PESC) europeia, agora parece ter sido posto de lado, com a Otan – conduzida pelos Estados Unidos – ditando a política. Houve uma tentativa de criar uma política externa independente europeia por meio do Tratado de Maastricht (1993) e do Tratado de Amsterdã (1997). Mas ela foi esmagada pela guerra da Otan, impulsionada pelos Estados Unidos, contra a Iugoslávia (1999), que freou as ambições alemãs e atou a política europeia à sede da Otan e, por conseguinte, aos Estados Unidos. As guerras da Otan contra o Afeganistão (2001-2021) e a Líbia (2011) fortaleceram o controle estadunidense sobre a política externa europeia. Após o Tratado de Lisboa (2007), a União Europeia criou um Alto Representante para a PESC, um papel que permanece relativamente desimportante (exceto na negociação com o Irã, no qual a UE, em grande medida, apenas defendeu argumentos dos Estados Unidos). Durante essa guerra russa na Ucrânia, a política externa europeia não conseguirá se desenvolver independentemente, mas permanecerá refém da política externa estadunidense. O preço – alimentos e energia mais caros – será pago pelo povo europeu.

NOAM: Antes que você chegue à segunda questão, é importante observar que talvez a guerra da Otan contra a Iugoslávia em 1999 seja o verdadeiro ponto de inflexão para a Rússia, com a Europa avassalada aos Estados Unidos levando adiante uma agressão não provocada, uma agressão acobertada por mentiras incríveis, que persistem na atualidade.

VIJAY: A segunda é que os vínculos institucionais e comerciais criados pela China – principalmente –, mas também pela Rússia, vão se acelerar. Isso se dará primordialmente entre China e Rússia, cuja proximidade tem se desenvolvido ao longo da última década. Mas ela vai se abrir em arenas previamente não reconhecidas, por exemplo com o crescimento da pressão no Sul Global rumo à multipolaridade e ao não alinhamento. Isso já foi visto na primeira votação da Assembleia Geral da ONU sobre a guerra russa, quando o Sul Global em grande medida se absteve de uma condenação. E países como a Índia – normalmente próxima aos Estados Unidos – se recusando a romper seus laços com a Rússia. Outras coisas interessantes têm se desenvolvido à medida que as contradições foram se abrindo: pressão sobre os Estados Unidos para aliviar as sanções contra Irã e Venezuela para os preços do petróleo e derivados, e novos laços entre os Emirados Árabes Unidos e a Síria, à medida que os países do Golfo Pérsico vão firmando seus vínculos tanto com a China quanto com a Rússia. Então, enquanto a Europa escolheu se abrigar sob o guarda-chuva de segurança dos Estados Unidos, parece que o resto do mundo compreende que essa situação potencialmente acelera uma nova fase de não alinhamento e multipolaridade.

NOAM: Sim. A Rússia provavelmente vai se mover mais em direção à órbita da China, tornando-se – ainda mais do que é hoje – um país cleptocrático, produtor de matérias-primas. A China provavelmente vai persistir com seus programas, incorporando parcelas cada vez maiores do mundo no sistema de desenvolvimento e investimento baseado na Iniciativa Cinturão e Rota, na "rota marítima da seda" que passa pelos Emirados Árabes Unidos e adentra o Oriente Médio, e na Organização para a Cooperação de Xangai. Os Estados Unidos parecem pretender responder com sua vantagem comparativa: a força. Hoje, isso inclui os programas de Biden de "cerco" da China por bases militares e alianças, ao mesmo tempo talvez até buscando melhorar a economia estadunidense, mas desde que isso seja retratado como concorrência com a China. Exatamente o que estamos observando agora.

O efeito mais significativo desta guerra, quase não discutido, é que obsta – talvez permanentemente – as minguadas esperanças de se escapar da total catástrofe que é a destruição climática, o fim da vida humana organizada (e de inúmeras outras espécies que estamos destruindo injustificadamente). Durante a guerra, a Convenção-Quadro das Nações Unidas sobre a Mudança do Clima publicou um relatório com um recorte temporal mostrando que os governos do mundo não estão nem perto de se comprometer a limitar o aumento da temperatura a 1,5 °C e atingir as metas do Acordo de Paris. O secretário-geral da ONU António Guterres disse que era "um alerta vermelho para o nosso planeta". Tal alerta não chegou às manchetes dos jornais. O regozijo nos escritórios dos executivos das empresas de combustíveis fósseis, agora livres para acelerar a destruição total, talvez até exceda o regozijo nos escritórios das empresas da indústria bélica.

O jogo não terminou. Ainda há tempo para uma correção de rota radical. Os meios são entendidos. Se houver vontade, é possível evitar a catástrofe e avançar rumo a um mundo muito melhor.

Posfácio: Trinta anos de escritos e conversas com Noam Chomsky

Vijay Prashad

Há algum tempo eu revirei o conteúdo de umas caixas velhas e achei umas cartas que trocara com Noam Chomsky no começo da década de 1990. Eu lhe escrevera após uma breve reunião em seu escritório no MIT (Cambridge, Massachusetts, Estados Unidos), onde Noam abria suas portas a quem quer que quisesse conversar. Homem profundamente democrático em todos os aspectos, Noam perguntou sobre minhas raízes e me contou de sua conexão com professores de linguística da minha cidade natal, Calcutá, Índia. Discutimos o trabalho que eu então fazia sobre uma comunidade dalit no norte da Índia e as pressões contraditórias sobre os trabalhadores dalits em decorrência da abertura ou liberalização da economia indiana em 1991. Mais tarde, quando lhe escrevi a respeito de um ensaio meu sobre esses temas, ele me desejou sorte com a publicação e pediu que eu enviasse o texto final. Quando eu o fiz, ele escreveu de volta dizendo o que pensava sobre o ensaio, claramente tendo lido-o com cuidado e refletido sobre as questões que eu elencava sobre o trabalho migrante informal e as implicações políticas do que eu constatara durante minhas entrevistas com trabalhadores em Déli e cercanias. Eu não acreditava que Noam Chomsky – sim, *o* Noam Chomsky – tinha se interessado tanto pelo meu trabalho e me aconselhado apesar de não termos qualquer conexão institucional formal.

Cada uma das cartas datilografadas traz suas histórias pessoais de quando esteve nesta ou naquela parte do mundo. Em 1996, eu lhe enviei um artigo que escrevera sobre a Emergência (1975-1977) na Índia, que ele disse que leu

> com interesse maior que o usual, já que acabara de voltar da Índia, onde havia conseguido passar um dia no campo perto de Calcutá, visitando vilarejos autogovernados, acompanhado de um amigo formado em economia agrícola (V. K. Ramachandran) que trabalha principalmente em Bengala Ocidental e Kerala, e do ministro da Fazenda (que se graduou em economia no MIT).

Isso foi quando a Frente de Esquerda formou o governo em Bengala Ocidental, sendo Asim Dasgupta o ministro provincial da Fazenda. "Foi muito fascinante e impressionante, e eu ouvi muitos relatos sobre a repressão brutal na década de 1970 lá, sobre a qual não sabia quase nada até então. Parece que essas lutas foram um fator significativo para que ocorresse uma das raras implementações na Índia das disposições constitucionais de *panchayat* [autogoverno local]", escreveu Noam. No artigo que eu lhe enviara, depois publicado no periódico *Social Scientist* (1996), Noam percebeu que eu andara lendo sobre remoções de cortiços em Déli:

> Eu vi um pouco disso por acaso quando estive na Índia, em 1972 dando uma palestra em homenagem a Nehru e várias outras personalidades, em Déli. Havia uma grande ocupação lá, no centro da cidade. Um dia, no caminho do hotel para alguma palestra, passamos pelo local e ela tinha sumido. Desaparecido. Perguntei o que tinha acontecido e me informaram que tinha sido removida, e as pessoas depositadas no campo a vários quilômetros de distância, porque ia começar uma feira asiática e não cairia bem. Isso durante o período da democracia!

No começo da década de 1990, eu tinha feito parte da pesquisa para a minha dissertação nas colônias de reassentamento que originalmente eram no campo, mas se tornaram uma parte-chave de Déli. Essas áreas é que foram o epicentro da violência antimuçulmana em 1993 (que eu testemunhei em primeira mão) e novamente em 2020.

Em 1996, quando fiz uma breve viagem à Turquia para cobrir uma nova onda de violência no sudeste, eu mandei a Noam algumas cartas com recortes de minhas matérias publicadas na revista *Frontline*. Noam conhecia bem a *Frontline*, já que já fora entrevistado e estampado na capa da revista em diversas ocasiões (incluindo uma entrevista comigo). Dessa vez, nós trocamos ideias sobre a Turquia; apenas fragmentos dessa conversa sobraram nas cartas que tenho de Noam. Mas eu me lembro bem delas, pois ele não só me disse para tomar cuidado em um contexto difícil, mas também ofereceu uma avaliação contextual da relação do Estado turco com o povo curdo e da grande complexidade do nacionalismo turco, um projeto nacional que surgiu do colapso do Império Otomano em 1922. A nova Turquia republicana teve que lidar – inclusive por meio de violência genocida – com questões étnicas e de cidadania. É importante sublinhar dois pontos: o cuidado que Noam mostrou quanto à minha segurança (o que foi muito tocante) e a importância da contextualização de Noam para o jornalismo com dia e hora de fechamento marcados que eu então produzia. Desde seu primeiro livro político (*O poder americano e os novos mandarins*), Noam entende o poder estadunidense não nas minúcias de sua reprodução, mas por meio de uma perspectiva de longo prazo que busca entender sua gramática gerativa, para roubar um termo da linguística de Noam. Esse hábito de contextualização, de colocar os acontecimentos atuais em termos de suas dinâmicas históricas e em termos da sociologia do poder, é a maior contribuição de Noam ao entendimento de nossa época. Em outras palavras, ao contrário de dezenas de estudiosos de relações internacionais, Noam não insistiu nesse ou naquele modelo como base para compreender acontecimentos e processos. Ao contrário. Ele tinha um método (calcado na história e na sociologia do poder) que usava de maneira flexível para gerar uma teoria de nossos tempos. Mesmo quando não concordamos sobre essa ou aquela avaliação, é esse modelo de Chomsky para entender o presente que moldou a minha maneira de escrever reportagens como jornalista, do Peru ao Afeganistão.

Muitos intelectuais desenvolvem uma posição profundamente crítica sobre esse ou aquele aspecto da realidade – crítica, por exemplo, de como governos conspiram com empresas do setor de energia para destruir o planeta, ou de como esse ou aquele governo se comporta para com seu povo. Mas são poucos os intelectuais – Noam encabeça a lista – que se mantiveram firmes numa posição contrária às entidades mais poderosas do mundo, organizadas e lideradas pela classe dominante estadunidense. Durante a escalada da guerra estadunidense na Indochina, Noam desenvolveu uma compreensão muito sofisticada das causas estruturais da atitude de Poderoso Chefão da classe dominante estadunidense. Ao longo das décadas desde então, Noam não se esquivou uma única vez de seu desdém fundamental pelo uso violento do poder pela classe dominante dos Estados Unidos. Esse desdém tem sido moldado por encontros próximos com sobreviventes daquele poder, seja na Planície de Jars (Laos, 1970), seja na Faixa de Gaza (Palestina, 2012). Cada uma dessas visitas fortaleceu as visões de mundo de Noam e aprofundaram seu compromisso com essas pessoas corajosas, como ele diz no começo deste livro. A teoria de mundo de Noam não é desenvolvida somente na biblioteca do MIT, mas elaborada em suas visitas a lugares como Diyarbakir (Turquia) e Caracas (Venezuela), onde ele acompanhou aqueles que vivenciaram o imperialismo estadunidense do ponto de vista de suas vítimas. Existem boas razões para o trabalho de Noam ser lido tão atentamente em lugares longe dos Estados Unidos, e por que o presidente da Venezuela Hugo Chávez levantou um exemplar de *Hegemonia ou sobrevivência: o sonho americano de domínio global* (2003) de Chomsky na Assembleia Geral da ONU em 2006.

Os leitores de Noam se maravilham com sua erudição e capacidade de sintetizar vastas quantidades de material, incluindo os estudos acadêmicos mais recentes, documentos governamentais disponíveis ao público e informações coletadas com movimentos sociais e políticos de base. Após eu publicar uma matéria na *Frontline* em 1999 sobre a situação na Colômbia, Noam escreveu: "Fiquei particularmente interessado na documentação que Ricardo deu às Farc sobre as ligações do regime com paras e narcotraficantes. É pública? Disponível? Eu não tinha conhecimento dela". Noam se refere a Victor Ricardo, que era o comissário para a paz do governo colombiano na época, e cujos documentos eu pudera ler em Bogotá naquele ano. Tendo lido cuidadosamente tais documentos, enviados a ele por ativistas e jornalistas como eu, Noam pôde construir sua poderosa crítica ao Plano Colômbia, a política do governo estadunidense de financiar e armar o governo colombiano – cúmplice até a medula dos paramilitares e narcotraficantes – contra todo e qualquer dissenso. (Esta avaliação apareceu no livro *Rogue States* [Estados párias], de Noam, do ano 2000). Não é de se admirar que Eduardo Galeano se referiu à "democracia" colombiana como *democradura* (como observado por Noam em sua introdução ao livro de Javier Giraldo, *Colombia: The Genocidal Democracy* [Colômbia: a democracia genocida], 1996). A visão de Noam não é a visão de Washington, mas uma visão *sobre* Washington construída por meio de pesquisa a respeito do que ocorre nas periferias. Washington é atacada por Noam não por seus cismas internos, mas devido às implicações de sua política – o Plano Colômbia, neste caso – contra pessoas comuns em um lugar distante – o campesinato colombiano, neste caso. São informações sobre e dadas por esses camponeses que informam a *postura* de Noam Chomsky.

Por uma série de razões, Noam tem a reputação de ser um analista frio. Parte disso advém de seu uso preciso da informação. Ele insiste que transmitir a informação do jeito mais seco possível é suficiente para despertar seu público. Noam não soca sua mesa nem bate seus pés. Ele permanece no nível dos fatos, sendo os fatos a espada afiada de seu arsenal intelectual. Mas estes não são apenas fatos. São fatos que ele desenterrou porque ele aprendeu a ler fatos e a buscar fatos em lugares que as pessoas nem sabem que

144 A RETIRADA

existem, e porque ele é capaz de ordenar esses fatos numa teoria do mundo que, sem ele, seria pouco conhecida devido à névoa do consentimento fabricado. Contudo, se você prestar atenção a Noam Chomsky com cuidado, escutará alguém com um imenso senso de humor – *imagine se um jornalista de Marte chegasse na Colômbia* – e talvez você detecte seu ultraje com relação a como as coisas são feitas em nosso mundo. "Lunáticos", ele escreve a mim durante a guerra da Otan contra a Iugoslávia. Não há outro jeito de descrever os protagonistas da guerra de Washington, que acelerou a matança em Kosovo. Esse senso de ultraje fica evidente nas conversas que moldaram este livro, em que ele – mesmo com seu estilo factual – se liberta e fala com grande sentimento sobre as atrocidades impostas aos afegãos, iraquianos, líbios e outros. Espero que os leitores entendam que o imenso exemplo de Noam é construído pela atenção que ele dedica às vozes das vítimas do imperialismo e por sua fidelidade à sua humanidade e às suas lutas.

Visitar Chomsky no Prédio 20 do MIT era sempre um prazer, não só pelas conversas com Noam, mas também devido ao próprio prédio. Construído como uma estrutura temporária durante a Segunda Guerra Mundial, o Prédio 20 abrigava o corpo docente de linguística do MIT até ser demolido em 1998 e substituído pelo Strata Center. Havia algo de maravilhoso no prédio, já que era uma estrutura tão simples e despretensiosa num *campus* dedicado à tecnologia mais sofisticada. O prédio refletia a atitude do próprio Noam, um linguista de destaque cujas descobertas remodelaram seu ramo. É difícil ler seus escritos sobre linguística, que são técnicos e requerem formação para decifrar. Mas Noam não traz esse clima para seus escritos sobre o mundo, que são profundamente democráticos em seu estilo e forma. Enquanto a Academia estimula a especialização e a opacidade da linguagem devido à estreiteza das várias especialidades, Noam deixa isso de lado assim que deixa o campo da linguística e fornece um modelo de comunicação democrática, oferecendo seu vasto conhecimento e sabedoria a serviço de movimentos por transformação social.

É claro, Noam dirá – e ele tem razão – que ele não é a única pessoa que é assim, mas evidentemente isso não minimiza a sua contribuição. Em 1988, o jornalista Glenn Frankel resenhou no *Washington Post* o livro *Blaming the Victims* [Culpando as vítimas], organizado por Edward Said e Christopher Hitchens. Noam escreveu um dos ensaios do livro. Frankel chamou o ensaio de Noam de "ofegantemente demente". Noam diz:

> Eu meio que gosto disso. Eu acho que [Frankel] errou com relação ao 'ofegante' – se você ler o artigo, vai ver que é bem calmo – mas 'demente' está correto. Quer dizer, você tem que ser demente para aceitar truísmos morais elementares e descrever fatos que não deveriam ser descritos. Isso provavelmente é verdade. (*Media Control*, 2002)

Eis o senso de humor, a adesão a fatos impopulares e a atitude em favor de uma posição moral contra a injustiça e pela igualdade. Esse é Noam, em resumo. Noam apontou seu lápis nas mentiras do governo estadunidense e nas esperanças das pessoas comuns do mundo.

***

Eu conheci Noam por meio de seu livro *O poder americano e os novos mandarins*, (1969), guardado na estante de livros dos meus pais em Calcutá. O livro foi dado ao meu pai em 1969 por minha tia, Brinda Karat, hoje dirigente do Partido Comunista da Índia (Marxista). Há uma história engraçada sobre o livro. Minha tia, que trabalhava na Air India na época e tinha liderado um protesto que mudou as regras de vestimentas da companhia aérea, e meu irmão foram a um dos muitos protestos em Londres contra a guerra dos Estados Unidos contra o Vietnã. Meu pai chegou lá e se zangou porque meu irmão fora levado aos protestos. Meu pai e minha tia discutiram. Ela pegou seu exemplar do livro de Chomsky, arrancou seu próprio nome da primeira página e fez uma dedicatória para meu pai, com amor e afeto. Meu pai carre-

146 A RETIRADA

gou esse livro consigo quando voltou de Londres. Eu achei esse livro anos mais tarde, num lugar de destaque na estante, ao lado de alguns de seus livros favoritos. Eu o li, assim como li tudo que havia naquela estante (como livros de Anthony Sampson, inclusive *The Money Lenders* [Os emprestadores de dinheiro] e *Seven Sisters* [Sete irmãs]). Lembro-me de ficar intrigado com a dedicatória de *O poder americano*: "Aos jovens corajosos que se recusam a servir numa guerra criminosa". Calcutá era um lugar fora do comum. A rua dos consulados estadunidense e britânico fora renomeada Ho Chi Minh Sarani, e manifestações aconteciam com regularidade lá até o começo da década de 1970. O livro de Chomsky se solidarizava com os vietnamitas, que ele conhecera durante sua visita ao Vietnã do Norte em 1970, com os jovens estadunidenses que se recusaram a lutar e formaram um contingente da luta antiguerra, e com aqueles que ficavam em locais como Chowringhee, no começo da Ho Chi Minh Sarani, cantando palavras de ordem contra a guerra: *tomar nam, amar nam: Vietnam, Vietnam* (seu nome, meu nome: Vietnã, Vietnã). Foi uma longa jornada para mim: ler Noam sobre intelectuais que dançam entre a atração da cumplicidade e a coragem do compromisso; ler Noam sobre o imperialismo estadunidense; ler Noam sobre o Oriente Médio; ler Noam sobre a América Central; ler Noam sobre Timor Leste; ler Noam sobre a Iugoslávia. Eu aprendi geografia e ética com Noam. Esse aprendizado continuou durante a conversa que produziu *A retirada*.

Referências completas dos livros e artigos citados de Noam Chomsky

CHOMSKY, Noam. *American Power and the New Mandarins*. New York: Pantheon Books, 1969. [O poder americano e os novos mandarins. Rio de Janeiro: Record, 2006]

CHOMSKY, Noam. *The Backroom Boys*. London: Fontana, 1973.

CHOMSKY, Noam. The responsability of intellectuals. *The New York Review of Books*, February 23, 1967. Disponível em https://chomsky.info/19670223/ [*A responsabilidade dos intelectuais*. Lisboa: Dom Quixote, 1968]

CHOMSKY, Noam. *Syntactic Structures*, London: Mouton, 1957. [*Estruturas sintáticas*. Rio de Janeiro: Vozes, 2018]

CHOMSKY, Noam. *Language and the Study of Mind*. Tokyo: Sansyusya Publishing, 1982.

CHOMSKY, Noam. *Language and Mind*. New York: Harcourt, Brace & World, 1968. [*Linguagem e mente*. São Paulo: Edunesp, 2009]

CHOMSKY, Noam. *Current Issues in Linguistic Theory*. The Hague: Mouton, 1964.

CHOMSKY, Noam. *Aspects of the Theory of Syntax*, Cambridge: M.I.T. Press, 1965

CHOMSKY, Noam. *Cartesian Linguistics: A Chapter in the History of Rationalist Thought*, New York: Harper and Row, 1966. [*Linguística cartesiana. Um capítulo da história do pensamento racionalista*. Petrópolis: Vozes, 1972.]

CHOMSKY, Noam. *Hegemony or Survival: America's Quest for Global Dominance*, New York: Metropolitan Books, 2003. [*O império americano: hegemonia ou sobrevivência*. Rio de Janeiro: Campus, 2004]

CHOMSKY, Noam. *The Cold War and the University, 1997*.

CHOMSKY, Noam. The Meaning of Vietnam.*The New York Review of Books*. June 12, 1975. Disponível em https://chomsky.info/19750612/

RASKIN, Marcus; WASKOW, Arthur e CHOMSKY, Noam. Call to resist. *American Social Reform Movements Reference Library. Encyclopedia.com*. 20 Mar. 2023. https://www.encyclopedia.com/social-sciences/news-wires-white-papers-and-books/raskin-marcus-waskow-arthur-and-chomsky-noam

CHOMSKY, Noam. Reflections on a Political Trial. *New York Review of Books*, 22 de agosto de 1968. Disponível em https://chomsky.info/19680822

CHOMSKY, Noam. On Resistance. *New York Review of Books*, 7 de dezembro de 1967. Disponível em http://www.chomsky.info/articles/19671207.htm

CHOMSKY, Noam. *At War with Asia*. New York: Pantheon Books, 1970.

CHOMSKY, Noam. A Visit to Laos. *New York Review of Books, 23 de julho de 1970. Disponível em https://chomsky.info/19700723/*

Endgame. *Ramparts*, abril de 1973.

CHOMSKY, Noam. A Review of B. F. Skinner's *Verbal Behavior. In* Leon A. Jakobovits and Murray S. Miron (eds.), *Readings in the Psychology of Language*, Prentice-Hall, 1967, pp. 142-143

CHOMSKY, Noam. "The War in Afghanistan". *Z Magazine*, 1º de fevereiro de 2002.

Sobre os autores

Noam Chomsky é professor emérito no Departamento de Linguística e Filosofia do Massachusetts Institute of Technology, e professor laureado de Linguística e da cátedra Agnese Nelms Haury no Programa de Meio Ambiente e Justiça Social da Universidade do Arizona. Linguista e ativista político de renome mundial, ele é autor de vários livros, incluindo *Sobre a linguagem*, *Para entender o poder* (organizado por Peter R. Mitchell e John Schoeffel), *O poder americano e os novos mandarins*; *Razões de Estado*; *Linguagem, conhecimento e liberdade*; *Objectivity and Liberal Scholarship*; *Rumo a uma nova Guerra Fria*; *The Essential Chomsky* (organizado por Anthony Arnove), *Notas sobre o anarquismo*, e *O Debate Chomsky-Foucault* (com Michel Foucault). Ele vive em Tucson, Arizona, EUA.

Vijay Prashad é diretor do Tricontinental: Instituto de Pesquisa Social, editor da LeftWord Books e correspondente chefe do Globetrotter Independent Media Institute. Ele é autor de *Estrela vermelha sobre o terceiro mundo*; *Uma história popular do Terceiro Mundo* e *Balas de Washington: uma história da Cia, golpes e assassinatos,* todos eles publicados no Brasil pela Editora Expressão Popular. *Uma história popular do Terceiro Mundo* venceu o prêmio Muzaffar Ahmad Book Prize. Ele vive em Santiago, Chile.

Este livro é o primeiro volume do Clube da Expressão, Sul Global, fortalecendo a luta anti-imperialista e a construção de uma alternativa de soberania popular. Ele foi composto com tipografia Adobe Garamond Pro e impresso em papel pólen natural 70g (miolo) e Ningbo 250g (gramas) na gráfica Paym, para a Expressão Popular em junho de 2023.